Pawel Broda

Supervised Learning Algorithmus für Stellenanzeigenklassifi
Gewinnung

GRIN - Verlag für akademische Texte

Der GRIN Verlag mit Sitz in München hat sich seit der Gründung im Jahr 1998 auf die Veröffentlichung akademischer Texte spezialisiert.

Die Verlagswebseite www.grin.com ist für Studenten, Hochschullehrer und andere Akademiker die ideale Plattform, ihre Fachtexte, Studienarbeiten, Abschlussarbeiten oder Dissertationen einem breiten Publikum zu präsentieren.

Dokument Nr. V184482 aus dem GRIN Verlagsprogramm

Pawel Broda

Supervised Learning Algorithmus für Stellenanzeigenklassifikation und Jobdeskriptoren Gewinnung

GRIN Verlag

Bibliografische Information der Deutschen Nationalbibliothek: Die Deutsche Bibliothek verzeichnet diese Publikation in der Deutschen Nationalbibliografie; detaillierte bibliografische Daten sind im Internet über http://dnb.d-nb.de/ abrufbar.

1. Auflage 2011
Copyright © 2011 GRIN Verlag GmbH
http://www.grin.com
Druck und Bindung: Books on Demand GmbH, Norderstedt Germany
ISBN 978-3-656-09333-6

Ludwig Maximilian Universität zu München

Centrum für Informations- und Sprachverarbeitung

Supervised Learning Algorithmus
für
Stellenanzeigeklassifikation
und
Jobdeskriptoren Gewinnung

Diplomarbeit im Aufbaustudiengang Computerlinguistik

Inhaltsverzeichnis

1 Einführung

Neben den vielen Jobportalen, die als Datenbanken funktionieren, wo Informationen wie Branche, Jobart oder Qualifikationen manuell eingegeben werden, gibt es auch Jobsuchdienste, die das Web durchsuchen, relevante Informationen extrahieren und sie automatisch klassifizieren. Die Klassifizierung erhöht die Wahrscheinlichkeit dem Benutzer präzise und seinen Ansprüchen adäquate Informationen zu liefern. Die extrahierten Informationen zu klassifizieren ist oft ein kompliziertes Unterfangen. Die Jobanzeigen sind meistens nicht kategorisiert oder so kategorisiert, dass die Kategorie nicht ermittelt und die Anzeige nicht zugeordnet werden kann. Nicht zuletzt liegt das Problem an den Suchdiensten selbst. Viele von ihnen gehören zu den Suchdiensten der ersten Generation, die auf der Volltextsuche ohne semantisch-syntaktisch-orthografische Analyse basieren und keine Gegebenheiten der Jobwelt berücksichtigen.

Die vorliegende Arbeit greift das Problem der Information Extraktion basierten Textklassifikation auf und strebt die Erstellung des semiautomatischen Algorithmus für die Stellenanzeigenklassifikation nach vorgegebenen Jobsektoren an.

Im theoretischen Teil der Arbeit werden Jobsektoren analysiert, Verfahren der Textklassifikation, Kontexterstellung und Lexikonbootstrapping mithilfe von lokalen Grammatiken besprochen sowie ein konkreter Lösungsansatz dargestellt, der auf der semantisch-syntaktischen Analyse von Stellenanzeigen mithilfe von Korpusbearbeitungstool UNITEX basiert.

Im praktischen Teil der Arbeit wird ein Verfahren zur semiautomatischen Textklassifikation dargestellt. Es werden Informationen über Textkorpora gegeben, einzelne Preprocessing-Schritte erläutert, lokale Grammatiken von Stellenanzeigen präsentiert, Seedlisten von Fachtermini beschrieben sowie der Lernprozess erklärt. Anschließend werden Ergebnisse im Fazit diskutiert.

2   Jobsektoren

Auf dem deutschsprachigen Markt gibt es zahlreiche Jobportale, die dem Benutzer bei der Jobsuche zur Verfügung stehen. Um den Usern die Suche zu erleichtern, kann nach dem Job in verschiedenen Branchen und Berufsfelder gesucht werden. Dank solcher Klassifizierung ist es möglich, ohne eine konkrete Berufsbezeichnung, nach den Jobangeboten in der bestimmten Branche zu suchen. Ein weiterer Vorteil ist, wenn eine Berufsbezeichnung zu allgemein ist, z.B. Mechaniker oder Manager, dann kann die Suche je nach Interesse präzisiert werden. Jedes Portal klassifiziert sowohl die Branchen als auch die Berufsfelder meistens anders. Es existieren mehrere offizielle Berufsklassifikatoren. Eine eindeutige und universelle Klassifizierung gibt es nicht. Einen interessanten Beitrag zur Klassifizierung der Berufe leistet die Richtlinie „Die Klassifizierung der Berufe des Statistischen Bundesamtes in der Fassung für den Mikrozensus – Ausgabe 1992"[1], die sich bei der Klassifizierung auf der Art der beruflichen (ausgeübten) Tätigkeit stützt. Zwei weitere Klassifizierungen, die teilweise zum Zwecke dieser Arbeit, herangezogen wurden, kommen von der Bundesanstalt für Arbeit[2].

2.1   Begriffsdefinition

In dieser Arbeit bezeichnen die Branchen, folgend als Jobsektoren genannt, Industriebereiche, in denen Unternehmen tätig sind, einzelne Abteilungen von Unternehmen oder auch Berufe; z.B. Medizintechniker. In einem Jobsektor können auch verschiedene Berufsfelder kombiniert werden. So können Jobs z.B. für Manager, Wissenschaftler oder Übersetzer in mehreren Jobsektoren präsent sein.

---

[1] Vgl.: http://www.gesis.org/download/fileadmin/missy/erhebung/Panel/1996-1999/KldB92_MZ_1_.pdf (12.12.2010)
[2] Vgl. http://www.mpib-berlin.mpg.de/de/forschung/bag/projekte/lebensverlaufsstudie/pdf/LV_ost_panel/Nonresponse_Dokumentationshandbuch%20Kap62%20Berufsklassifikation%20der%20Bundesanstalt%20f%FCr%20Arbeit.pdf (28.11.2010) und
http://www.gesis.org/fileadmin/upload/dienstleistung/methoden/spezielle_dienste/inhaltsanalyse_berufsklass/isco88_1_.pdf?download=true (30.11.2010)

Das Berufsfeld *Übersetzung* selbst gehört dem Jobsektor *Sonstige Dienstleistungen*, der alle Berufsfelder aus dem Dienstleistungsbereich enthält, die nicht zu *Finanzdienstleistungen, Personaldienstleistungen* oder weiteren Jobsektoren passen. Im Jobsektor *Sonstiges produzierendes Gewerbe* werden die Berufsfelder gruppiert, welche nicht zu den sonst produzierenden Jobsektoren gehören, wie z.B. *Baugewerbe/-industrie, Maschinen- und Anlagenbau, Metallindustrie* oder *Handwerk*. Es gibt immer wieder Berufe, die man nicht eindeutig nach den Jobsektoren identifizieren kann. In diesem Fall werden sie der Kategorie *Sonstige Branchen* zugeordnet.

2.2 Klassifikation der Jobsektoren

In der vorliegenden Arbeit wird die unten aufgelistete, bereits vorgegebene Klassifikation der Jobsektoren verwendet:

* *Agentur, Werbung, Marketing & PR*
* *Banken/ Bank*
* *Baugewerbe/ Bauindustrie/ Bau*
* *Bergbau/ Berg*
* *Bildung & Training*
* *Chemie- und Erdölverarbeitende Industrie/ Chemie/ Erdöl / Öl*
* *Druck-, Papier, Verpackungsindustrie*
* *Elektrotechnik, Feinmechanik & Optik*
* *Energie- und Wasserversorgung & Entsorgung*
* *Fahrzeugbau/-zulieferer*
* *Finanzdienstleister*
* *Freizeit, Touristik, Kultur & Sport*
* *Gesundheit & soziale Dienste*
* *Glas/Keramik Herstellung u. Verarbeitung*
* *Gross- und Einzelhandel*
* *Handwerk*
* *Holz- und Möbelindustrie*
* *Hotel, Gastronomie & Catering*
* *Immobilien*
* *IT & Internet*
* *Konsumgüter/Gebrauchsgüter*
* *Land-, Forst- und Fischwirtschaft, Gartenbau*
* *Luft- und Raumfahrt*
* *Maschinen- und Anlagenbau*
* *Medien (Film, Funk, TV, Verlage)*
* *Medizintechnik*
* *Metallindustrie*
* *Nahrungs- und Genussmittel*
* *Öffentlicher Dienst & Verbände*

- *Personaldienstleistungen*
- *Pharmaindustrie*
- *Sonstige Branchen*
- *Sonstige Dienstleistungen*
- *Sonstiges produzierendes Gewerbe*
- *Telekommunikation*

- *Textilien, Bekleidung & Lederwaren*
- *Transport & Logistik*
- *Unternehmensberatung, Wirtschaftsprüfung, Recht*
- *Versicherungen*
- *Wissenschaft & Forschung*

Die vollständige Zuordnung der Berufsfelder zu den Jobsektoren wird in der vorliegenden Arbeit im Kapitel 10.1 dargestellt. Die Zuordnung erfolgte auf der Grundlage von der Berufsklassifikation der Bundesanstalt für Arbeit.[3]

3   Theoretische Grundlage

Im diesen Kapitel wird die der vorliegenden Auseinandersetzung zugrunde liegende Problematik behandelt. Zuerst wird der Begriff Textkategorisierung erläutert und anderen IR-Aufgaben gegenüber gestellt. Hierbei wird der Fokus auf die Automatisierungsmethode für das Erstellen von Wörterbüchern -- auf die Bootstrapping-Methode gelegt. Des Weiteren wird der Begriff lokalen Grammatiken erläutert und ihre Rolle in der Information Extraktion beschrieben.

3.1   Verfahren zur Textkategorisierung

Im Allgemeinen bezeichnet der Begriff Textkategorisierung die Zuordnung von Textdokumenten zu einer vorher festgelegten Menge von Kategorien[4]. Der

---

[3] Vgl. http://www.mpib-berlin.mpg.de/de/forschung/bag/projekte/lebensverlaufsstudie/pdf/LV_ost_panel/Nonresponse_Dokumentationshandbuch%20Kap62%20Berufsklassifikation%20der%20Bundesanstalt%20f%FCr%20Arbeit.pdf (28.11.2010)
[4] Vgl. Riloff, Lehnert (1994), S. : 296-333

Hauptunterschied zu den anderen IR-Aufgaben ist ein statisches Set von Kategorien, wobei die klassische Aufgabe von IR im Finden einer Information bei sich dynamisch ändernden Suchanfragen besteht. Eine der möglichen Implementationen von Textkategorisierung ist Filtern von Dokumenten nach besonderen Interessen von Menschengruppen (so wird es zum Beispiel im Newswire gemacht)[5]. So funktionieren die Jobsuchdienste, die den Usern die Stellenanzeigenklassifikation nach Berufsfelder oder Sektoren anbieten.

Die meisten traditionellen Algorithmen für Textkategorisierung basieren auf Statistik und stellen die Dokumenten als „Bag of Words" dar, indem jedes Wort als separate Einheit betrachtet wird. Trotzdem weist eine solche Herangehensweise aufgrund der Synonymie, Polysemie, Kollokationen und Kontexten, in denen die Wörter in natürlicher Sprache vorkommen, bestimmte Restriktionen auf. Alternative Herangehensweise besteht im wissensbasierten Verfahren, das auf explizit dargestelltem Wissen basiert, sei es Regeln, semantische Netze, Patterns oder Kasusrahmen. Die meisten solcher Systemen haben einen großen Erfolg in Spezialdomänen, trotzdem ihr Erstellen braucht viel Zeit und Expertenwissen in entsprechenden Bereichen[6]. Das ist die manuelle Arbeit, die im Erstellen von Kontexten und semantischen Verbindungen zwischen Wörtern besteht.

Da die wissensbasierten Systemen präzisere und intelligentere Klassifikationen machen, wurde es versucht, das Erstellen von Kontexten und Wörterbüchern zu automatisieren. Eine der Automatisierungsmethoden für das Erstellen von Wörterbüchern ist Bootstrapping Methode[7]: Nach dem Erstellen vom detaillierten Kontext von einem Lexem, kann man anstelle dieses Lexems in demselben Kontext die Lexeme herunterladen, die dieselbe semantische Bedeutung tragen.

Riloff/Jones haben das Konzept von *Mutual Bootstrapping* (gegenseitiges Bootstrapping) in ihrer Arbeit "Learning Dictionaries for Information Extraction by Multi-Level Bootstrapping" dargestellt[8]. Dabei werden erst die neuen Wörter, die dieselben

---

[5] Vgl. Belkin, Croft (1992), S.: 29-38.
[6] Vgl. Ebenda
[7] Vgl. Gross (1999), S. : 228-250. Sieh auch: Gross, Maurice: The Construction of Local Grammars. In Finite-State Language Processing, E. Roche & Y. Schabès (eds.), Language, Speech and Communication, Cambridge 1997, S.: 329-354
[8] Vgl. Riloff, Jones (1999), S.: 474-479

7

Eigenschaften haben, heruntergeladen und dann entsprechend den schon vorhandenen und neu hinzugefügten Wörtern Kontexte modifiziert.

Die vorliegende Arbeit befasst sich mit dem Problem der Textkategorisierung. Die Textkategorisierung erfolgt hierbei auf der Basis von relevanten Deskriptoren, die aus bestimmten Kontexten extrahiert worden sind. Die Identifizierung von Kontexten wurde mithilfe von lokalen Grammatiken durchgeführt.

3.2   Lokale Grammatiken

Lokale Grammatiken sind die empirische Herangehensweise an die Sprache, wobei man alle sprachlichen Phänomene mithilfe von endlichen Automaten beschreibt. Der Termin *lokale Grammatiken* wurde von Maurice Gross eingeführt. Unter lokalen Grammatiken versteht man die bestimmten „lokalen" Phänomene, die nicht mithilfe von globalen syntaktischen Regeln beschrieben werden können.

Maurice Gross arbeitete 1975 an der Erstellung einer Lexikongrammatik[9]. Das Ziel seines Vorhabens zielte darauf ab, syntaktische Eigenschaften aller französischen Verben zu erarbeiten sowie für jedes Verb ein exaktes Satzschema aufzustellen. Auf der Grundlage einer Forschung, in der eine Gruppe von Linguisten mehr als 400 Eigenschaften von 12.000 Verben analysiert hat, kam Gross zu einem bahnbrechenden Ergebnis, dass das syntaktische Paradigma von jedem einzelnen Verb einzelartig ist. Daher plädierte er für einen neuen Grammatikformalismus, für die Theorie der lokalen Grammatiken, die mit endlichen Automaten darstellbar sind.

Nach Maurice Gross sind sie einerseits die Wiedererweckung von endlichen Markov-Automaten für die Beschreibung von der Sprache, aber diese Automaten beabsichtigen keine globale Beschreibung von der Sprache sondern strikt die lokalen Phänomena. „In this perspective, the global nature of language results from the interaction of a multiplicity of local finite-state schemes which we call finite-state local automata".[10] In seiner Arbeit "The Construction of Local Grammars" versucht Maurice Gross eine

---

[9] Vgl. Gross (1975): "Methodes en sintaxe"
[10] Vgl. Gross (1994): "The Construction of Local Grammars"

Grammatik von der Börse-Domäne zu erstellen, weil der Domänenwortschatz und die benutzten Konstruktionen von limitierter Natur zu sein scheinen. Laut Harris[11] charakterisieren sich die Sprachdomänen (z.B. Sprache der Stellenanzeigen, Finanznachrichten oder Arztdiagnosen) durch eine limitierte Anzahl von Ambiguitäten sowie durch gewisse Regularitäten und Strukturen, die für Computerbearbeitung von Vorteil sind. Daher ist es möglich die Grammatik einer Sprachdomäne zu erstellen. In seiner Arbeit „Language and information" (1988) gibt er an, was eine Sprachdomäne (hier als Untersprache definiert) ausmacht: „A subset of the sentences of a language constitutes a sublanguage of that language if it is closed under some operation of the language [...]".[12] Die Stellenanzeigen zeigen auch den limitierten Wortschatz und die begrenzte Anzahl der syntaktischen Konstruktionen. Das bietet eine Möglichkeit an, die Stellenanzeige in Formalismus der lokalen Grammatik zu beschreiben.

Die lokalen Grammatiken sind häufig zum Zwecke von IE benutzt. Es wurden große Grammatiken für Named Entity Recognition erstellt. Es existieren auch Arbeiten, die die wichtigen für bestimmten Gebieten Informationen extrahieren. Der Jobsektor ist hier keine Ausnahme. Infolge der Zusammenarbeit zwischen LMU CIS und University of Alberta (USA) wurden lokale Grammatiken für französische Stellenanzeigen erarbeitet, welche für die Jobportale relevanten Informationen extrahieren.[13]

In vorliegender Arbeit wurden Grammatiken entwickelt, die relevante Informationen aus den Stellenanzeigen extrahieren können.

Beim Erstellen von lokalen Grammatiken spielt die Bootstrapping Methode eine große Rolle für Dokumentenkategorisierung. Da die Stellenanzeigen mithilfe von lokalen Grammatiken beschrieben werden können, werden in diesen Grammatiken in bestimmten Stellen relevante Lexeme vorkommen, die zur gleichen semantischen Klasse gehören und für jeden Sektor wichtig sind. Als Beispiele können hier einige semantische Klassen angebracht werden, wie z.B. semantische Klasse *Geräte* (Geräte,

---

[11] Vgl. Harris (1988), S. : 33 ; Sieh auch :
http://citeseerx.ist.psu.edu/viewdoc/download?doi=10.1.1.105.2430&rep=rep1&type=pdf
(03.01.2011)
[12] Ebenda
[13] Vgl. Bsiri, Geierhos, Ringlstetter (2008), S.: 201-213. Mehr zu diesem Thema: Bulwahn, Lukas: „Interdisziplinäres Projekt: Entwicklung einer lokalen Grammatik für Nominalphrasen". CIS LMU München, 2008.

mit denen Angestellte umgehen sollen - im Kontext „Umgang mit <N>+<!DIC>"),
semantische Klasse *Kenntnisse* (Kenntnisse, über die Angestellte verfügen sollen – im
Kontext „Kentnisse von <N>+<!DIC>"), semantische Klasse *Studium, Erfahrung* oder
Branche.

Für die Arbeit mit lokalen Grammatiken wurde das Tool UNITEX konzipiert. Es wurde
an den Laboratorien d'Automatique Documentaire et Linguistique (LADL) unter
Betreuung von Maurice Gross und Sébastien Paumier entwickelt. UNITEX ist eine
open-source Software, die unter der LGPL Lizenz[14] benutzt wird. Sie kann von der
Webseite des Instituts für Elektronik und Computer Science Gaspard-Monge[15]
heruntergeladen werden.

Mit UNITEX können Texte aus mehreren Sprachen bearbeitet werden. Es verfügt über
Wörterbücher für 13 Sprachen, wobei Wörterbücher für Deutsch an der LMU München
im CIS Institut[16] entwickelt wurden.

4   Algorithmus zur Stellenanzeigeklassifikation

Der in dieser Arbeit implementierte Algorithmus zur Stellenanzeigenklassifikation wird
auf dem Trainingskorpus von Stellenanzeigen trainiert. Seine Aufgabe besteht in der
Extraktion von relevanten Deskriptoren aus den Kontexten sowie in der Identifizierung
weiterer Deskriptoren in den ermittelten Kontexten von weiteren Stellenanzeigen.

90% des Korpus dient als Trainingskorpus und 10% des Korpus ist Deployment
Korpus. Beide Korpora werden erst preprocessed, d.h. die Stellenanzeigen werden so
konvertiert, dass UNITEX damit arbeiten kann. Danach werden mithilfe von lokalen
Grammatiken wichtige Kontexte für Stellenanzeigenklassifikation beschrieben. Die

---

[14] Die „GNU Lesser General Public License" (LGPL) ist eine von der Free Software Gründung
entwickelte Lizenz für freie Software. Unter dieser Lizenz darf man die Software für einen
beliebigen Zweck nutzen, die Software vervielfältigen und weitergeben, die Software nach
eigenen Bedürfnissen ändern und die geänderten Versionen weitergeben.
[15] Vgl. http://www-igm.univ-mlv.fr/~unitex/index.php?page=3
[16] Centrum für Information und Sprachwissenschaft an der LMU München: www.cis.uni-muenchen.de

Stelle, wo die relevanten Deskriptoren vorkommen, wird mit Tags <deskriptor>...</deskriptor> vermerkt. Für die Trainingsphase wurden Listen mit Seedlexemen erstellt. Jede Seedliste enthält 7-15 Wörter und Wortkollokationen, die den entsprechenden Sektor beschreiben. Für die Seedlisten wurden Wörter und Wortkollokationen ausgewählt, die eindeutig den jeweiligen Sektor beschreiben. Die meisten Seedterme sind Begriffen, welche Berufsfelder beschreiben, die zum jeweiligen Jobsektoren zugeordnet wurden. Für die Sektoren, denen keine Berufsfelder zugeordnet wurden, wurden die Berufe und wichtigen Begriffe von Berufsklassifikation der Bundesanstalt für Arbeit[17] ausgewählt. Enthält eine Stellenanzeige in der Trainingsphase zu einem Jobsektor passende Lexeme, die in der Seedliste abgespeichert wurden, wird sie dann diesem bestimmten Jobsektor zugeordnet. Es reichte, wenn eins von Seedwörtern in Stellenanzeige vorhanden war, um jeweilige Stellenanzeige zu klassifizieren. Nach Klassifikation wurden aus den Stellenanzeigen relevante Wörter und Wortkollokationen von Deskriptorenstellen extrahiert. Der Administrator wird dann gefragt, ob die extrahierten Deskriptoren den Sektor/ die Sektoren beschreiben, dem/denen die Stellenanzeige zugeordnet wurde. Falls der Administrator zustimmt, werden die Deskriptoren zur entsprechenden Liste hinzugefügt und gleich für weitere Klassifizierung dynamisch benutzt. Der Administrator kann auch die entsprechenden Deskriptoren zu Stoppwörter hinzufügen, wobei sich bei den Stoppwörtern nicht nur um die falschgeschriebenen Formen und Funktionswörter handelt, sondern auch um die Lexeme, deren Bedeutung zu allgemein ist und für die Textklassifikation in keinem Kontext relevant sind (z.B.: Manager). Weiterhin kann der Administrator einen Deskriptor ablehnen, der trotzdem bei weiteren Jobsektoren in Betracht gezogen wird.

Die Trainingsphase fand beim Trainingskorpus dreimal statt, so dass sich die Seedlisten um mehrere Deskriptoren erweitert haben.

Die erstellten Wörterbücher werden für Textkategorisierung in der Anwendungsphase benutzt. Falls der Deskriptor im Titel vorkommt, wird für ihn Score 3 vergeben, falls er im relevanten Kontext auftritt, bekommt er die Score 2. In jedem anderen Fall erhält er

---

[17] Vgl. http://www.mpib-berlin.mpg.de/de/forschung/bag/projekte/lebensverlaufsstudie/pdf/LV_ost_panel/Nonresponse_Dokumentationshandbuch%20Kap62%20Berufsklassifikation%20der%20Bundesanstalt%20f%FCr%20Arbeit.pdf (28.11.2010)

die Score 1. Wenn die Stellenanzeige 3 Punkte oder mehr für einen entsprechenden Sektor erhält, wird sie diesem Sektor zugeordnet. Die Bewertung der Precision und Recall dieser Klassifizierung wurde in Kapitel 7 der vorliegenden Arbeit vorgenommen. Die Algorithmusschritte werden detailliert im nächsten Kapitel erläutert.

Der dargestellte Algorithmus basiert auf Supervised Learning und der Administrator spielt eine große Rolle beim Erstellen von Deskriptorenwörterbüchern. In der Trainingsphase arbeitet der Algorithmus semiautomatisch, weil die Akzeptanz oder das Ablehnen jedes einzelnen Deskriptors durch den Administrator notwendig ist. Die Textkategorisierung selbst wurde automatisch mithilfe von erstellten Wörterbüchern und Graphen durchgeführt.

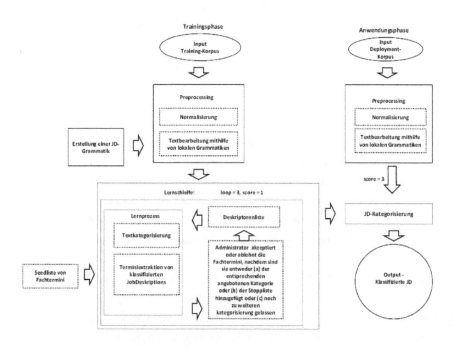

Abbildung 1 : Algorithmus

5 Preprozessing von Stellenanzeigen

5.1 Korpora

Auf der Basis von Training Korpus, das aus 1261 Stellenanzeige besteht, wurden Grammatiken für Stellenanzeigen entwickelt, welche die wichtigen für Stellenanzeigenklassifikation Jobdeskriptoren extrahieren.

Das vorhandene Korpus wurde bereits preprocessed, die HTML-Tags wurden entfernt und die Jobtitel wurden im Quadratklammern in jeder Stellenanzeige in Form [<Jobtitel> UNK] dargestellt.

Einige Jobtitel wurden trotzdem nicht angegeben [jobtitel nicht angegeben UNK]. Die Länge der Stellenanzeigen variiert von einigen Wörtern bis mehreren Seiten. Die kurzen Stellenanzeigen, die entweder nur aus dem Jobtitel oder aus dem Jobtitel und ein paar Wörter bestehen und meistens nicht syntaktisch strukturiert sind, bringen besondere Schwierigkeiten bei der Klassifikation. Trotzdem stellen die meisten Jobanzeigen im Korpus einen syntaktisch gut strukturierten Text dar. Eine durchschnittliche Stellenanzeige beinhaltet ca. 150-200 Wörter und verfügt über eine kurze Profilbeschreibung der Jobagentur, falls sie diesen Job im Internet positioniert hat, eine kurze Profilbeschreibung von der Firma, Jobaufgaben, Profil vom Jobsuchenden und Kontaktdaten von der Firma oder Jobagentur.

Das Problem bei den Anzeigen war manchmal versehentliches Weglassen von Leerzeichen, Leerzeichen in der Mitte des Wortes oder eine kleine Anzahl von Vertippungen. Die häufigsten Fälle würden beim Normalisierungsschritt korrigiert. Trotzdem wurden nicht alle Probleme lokalisiert und behoben.

```
##jobdetails-export/cncolor-F277264.xml DE [Mitarbeiter/in UNK] SAP-
Support{S}
= Eurofoam Deutschland GmbH Schaumstoffe{S}
= Als Teil eines bedeutenden europäischen Konzernverbunds sind wir ein
international operierender Hersteller und Verarbeiter von Polyurethan-
Schaumstoffen.{S} Von unserer Hauptverwaltung in Wiesbaden aus
unterstützen wir die Aktivitäten von etwa 650 Mitarbeitern an 6 deutschen
Standorten.{S} Zum nächstmöglichen Zeitpunkt suchen wir in Vollzeit
eine/n [Mitarbeiter/in UNK] SAP-Support Ihre Aufgaben:=
Modulübergreifende SAP-Anwendungsbetreuung (Schwerpunkt Module MM, PP,
SD) Planung, Organisation und Überwachung von Optimierungsprojekten
Koordination der Stammdatenpflege, z. B. Materialneuanlagen oder
Massenänderungen Analyse lokaler Prozessabläufe und Definition
systemtechnischer oder organisatorischer Lösungen Abstimmung lokaler
Anforderungen und Konzernvorgaben auf internationaler Ebene SAP-
Schulungen der Endanwender Ihr Profil:= Erfolgreich abgeschlossenes
Studium der Betriebswirtschaftslehre, Informatik oder mehrjährige,
relevante Berufserfahrung SAP R/3-Kenntnisse Gutes Englisch in Wort und
Schrift Ausgeprägte Kommunikationsund Teamfähigkeit Flexibilität und
Reisefreudigkeit Wir freuen uns auf Ihre aussagekräftigen
Bewerbungsunterlagen mit Angabe Ihrer Gehaltsvorstellung.{S} Ihre
Zuschrift richten Sie bitte an unsere Personalabteilung, z. H. Frau
Ulrike Seifert, gerne auch per E-Mail.{S} Eurofoam Deutschland GmbH
Schaumstoffe, D-65203 Wiesbaden, Hagenauer Str. 42 Tel. +49 611 9276 0,
Fax +49 611 9276 139, e-mail ulrike.seifert@eurofoam.de
www.eurofoam.de{S}
```

Abbildung 2 : Beispiel von Stellenanzeige

Die 90% des Korpus wurden für Trainigsphase benutzt, die andere 10% für Anwendungsphase. Die berechneten Precision/Recall Werte beziehen sich auf die 10% des analysierten Korpus.

5.2 Normalisierung

In diesem Schritt werden Texte in Unicode 2 Format konvertiert, damit die Bearbeitung mit Unitex möglich ist. Die Jobtitel werden normalisiert. In den Stellenanzeigen sind die Jobtiteln meistens in der Form „Männliche Jobbezeichnung/ Feminine Endungen von Jobbezeichnung" (Verkäufer/in) oder "Frauenjobbezeichnung/ Männerjobbezeichnungendungen" (Kauffrau/-mann) korrekt dargestellt. Diese Formen werden auf die erstgeschriebene Jobbezeichnungform reduziert. Auch die Pluralendungen, die nach dem Jobbezeichnung geschrieben sind, zum Beispiel *–innen* oder *-inNen* wurden gelöscht. Der Vermerk (m/w) wurde ebenso entfernt. Auch die Präpositionen, die mit dem Bruchstrich geschrieben sind, z.B. *zur/zum* werden zur

Hauptform (in diesem Fall *zu*) geführt. Alle anderen Bruch- oder Bindestriche wurden gelöscht. Die Interpunktionszeichen bleiben, weil sie bei einer syntaktischen Analyse benötigt werden. Die falsch ausgestellten Leerzeichen werden in meisten Fällen korrigiert. Nach diesen Arbeitsschritten ist ein normalisierter Text entstanden, der für die lexikalisch-syntaktische Analyse bereit ist.

5.3 Graphenbeschreibung

- Hauptgraph

Der Hauptgraph (Abb. 3) enthält sieben Untergraphen: *Verkauf, Unternehmen, Haupt-Taetig., Diplom, als_Deskriptor, Abteilung* und *Titel*. Die Eigenschaften sowie die Arbeitsweise einzelner Untergraphen werden im folgenden Kapitel detailliert erläutert.

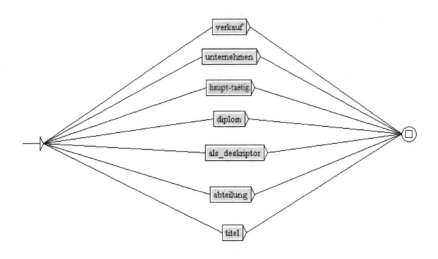

Abbildung 3 : Hauptgraph

15

- Graph: Verkauf

Der Graph Verkauf (Abb. 4) identifiziert Waren, die ein Unternehmen einkauft oder verkauft sowie die Leistungen, die ein Unternehmen anbietet und der Jobsuchende als Mitarbeiter erbringen muss. Er berücksichtigt dabei immer den rechten Kontext von Einkauf/Verkauf gefolgt von dem obligatorischen Präposition *von* (bzw. *v* als Abkürzung), einem fakultativen Artikel sowie Adjektiv und einem oder mehreren potenzialen Deskriptoren. Er findet z.B. folgende Dienstleistungen und Waren im Korpus, nach denen sich die Jobsektoren oder Berufsfelder identifizieren lassen:

```
<deskriptor>Einkauf</deskriptor> von<deskriptor> Druckerzeugnissen</deskriptor>
<deskriptor>Einkauf</deskriptor> von<deskriptor> Komponenten</deskriptor>
<deskriptor>Einkauf</deskriptor> von<deskriptor> Rohstoffen</deskriptor>
<deskriptor>Verkauf</deskriptor> von<deskriptor> erklärungsbedürftigen</deskriptor>
<deskriptor>Verkauf</deskriptor> von<deskriptor> Kosmetikprodukten</deskriptor> und<deskriptor> Modeartikeln</deskripto
<deskriptor>Verkauf</deskriptor> von<deskriptor> Marktforschungsprodukten</deskriptor> oder<deskriptor>
<deskriptor>Verkauf</deskriptor> von<deskriptor> Produkten</deskriptor> und<deskriptor> Dienstleistungen</deskriptor>
<deskriptor>Verkauf</deskriptor> von<deskriptor> Reiseprodukten</deskriptor>
```

So liefert der Graph Verkauf ziemlich eindeutige Deskriptoren wie *Marktforschungsprodukte, Modeartikel, Reiseprodukte, Druckerzeugnisse* oder *Kosmetikprodukte*, obwohl hierbei auch *erklärungsbedürftigen* als ein Deskriptor erkannt worden ist. Dies liegt aber daran, dass dieses Adjektiv nicht im Wörterbuch als solches eingetragen ist und hier durch das <MOT> - Erkennungsmuster identifiziert wird.

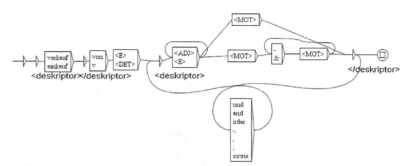

Abbildung 4 : Graph Verkauf

- Graph: Unternehmen

Wie die Korpusanalyse bestätigt, sind Jobdeskriptoren oft in den Kontexten zu finden, die den Tätigkeitsbereich des Unternehmens beschreiben. Diese Kontexte sind ein fester Bestandteil jeder Jobanzeige. Der in der Abbildung 5 dargestellte Graph identifiziert Deskriptoren, die in der Beschreibung von Unternehmen enthalten sind. Für diesen Zweck werden verschiedene Kontexte herangezogen. Einer der möglichen Kontexte, in dem die Deskriptoren auftreten können, ist *Anbieter*:

```
den Anbieter für<deskriptor> integrierte Baustellenlogistik</deskriptor>,<deskriptor>
den Anbieter von Lösungen für das<deskriptor> Personalmarketing</deskriptor>
der Anbieter von<deskriptor> Bildungsund Gesundheitsdienstleistungen</deskriptor>
ler Anbieter von<deskriptor> Duftund Geschmackstoffen</deskriptor>
den Anbieter von<deskriptor> integrierten Facility-Management-Lösungen</deskriptor>
den Anbieter von<deskriptor> integrierten Facility-Management-Lösungen</deskriptor>
ind Anbieter von<deskriptor> kompletten Innenausstattungssystemen</deskriptor>
den Anbieter von<deskriptor> Prüfund Zertifizierungsdienstleistungen</deskriptor>
den Anbieter von<deskriptor> Tankstellen-Ausrüstungen</deskriptor> suchen wir b
```

Das Vorkommen im Text *in der Sparte* oder *Versorger der* kann ein eindeutiges Anzeichen für darauffolgende Deskriptoren sein:

```
renden Versorger der<deskriptor> Gesundheitsmärkte</deskriptor>
renden Versorger der<deskriptor> Gesundheitsmärkte</deskriptor>
en der Sparte<deskriptor> Hospital Care</deskriptor>, insbeson
ng der Sparte<deskriptor> Hospital Care</deskriptor>,<deskriptor>
```

Ein weiterer Kontext, in dem Deskriptoren vorkommen können, ist *Unternehmen aus dem Bereich*:

```
e, ein Unternehmen aus dem Bereich<deskriptor> Gesundheitswesen</deskriptor>
e, ein Unternehmen aus dem Bereich<deskriptor> Klimatechnik</deskriptor>
e, ein Unternehmen aus dem Bereich<deskriptor> Kommunikationslösungen</deskriptor>
e, ein Unternehmen aus dem Bereich<deskriptor> Kunststoff</deskriptor>
e, ein Unternehmen aus dem Bereich<deskriptor> Sondermaschinenbau</deskriptor>
```

Nicht selten werden auch englischsprachige Anzeigen aufgegeben. In diesem Fall ist *field of* ein zweifelloser Indikator für nachfolgende Deskriptoren:

```
in the field of<deskriptor> animal health</deskriptor>.{S} At our site in Untersch
in the field of<deskriptor> coagulation</deskriptor>.{S} You will provide strategi
in the field of<deskriptor> energy</deskriptor> and environmentAs work will be foc
in the field of<deskriptor> liquid chromatography</deskriptor>/mass spectrometry i
peutic fields of<deskriptor> pain</deskriptor>,<deskriptor> oncology</deskriptor>,
```

Weitere Kontexte, die der Graph verarbeitet, sind: Global Market Leader, Partner, Lieferant, Entwickler, Hersteller, Zulieferer, Palette und Lebenszyklus.

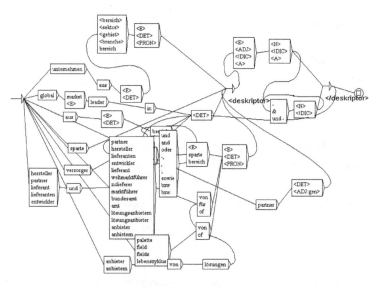

Abbildung 5 : Graph Unternehmen

- Graph: Haupttätigkeit

Beim Identifizieren der möglichen Kontexte für Deskriptoren konzentriert sich der Graph Haupttätigkeit auf die häufigsten Umgebungen im Aufgaben- oder

18

Tätigkeitsbereich, in denen die Deskriptoren anzutreffen sind. Insbesondere folgende Kontexte weisen mit hoher Wahrscheinlichkeit auf nachstehende Job-Deskriptoren hin:

- Erfahrungen im Bereich
- Kenntnisse + (Präposition, Artikel)
- Optimierung + (Präposition, Artikel)
- Koordinierung + (Präposition, Artikel)
- Pflege + (Präposition, Artikel)
- Ermittlung + (Präposition, Artikel)
- Ausbau + (Präposition, Artikel)

So liefert der rechte Kontext von *Erfahrung in/mit* folgende Deskriptoren:

```
Erfahrung in<deskriptor> Design</deskriptor> und<deskriptor> Layout</deskriptor>
Erfahrung in<deskriptor> Planungsaufgaben</deskriptor>
Erfahrung in<deskriptor> Projektleitung</deskriptor>/Ve
Erfahrung in<deskriptor> unterschiedlichen Montagetechniken</deskriptor>
Erfahrung mit<deskriptor> Betriebssystemen</deskriptor>
Erfahrung mit<deskriptor> Lean</deskriptor> oder Six<deskriptor> Sigma</deskriptor>
Erfahrung mit<deskriptor> statistischer Datenauswertung</deskriptor>
```

Auch im rechten Kontext von *Pflege* befinden sich relevante Deskriptoren:

```
Pflege der<deskriptor> Objektund Vermarktungsdatenbank</deskriptor>
Pflege des zentralen<deskriptor> Vertragsarchivs</deskriptor>
Pflege des<deskriptor> zentralen Vertragsarchivs</deskriptor>
Pflege und Weiterentwicklung des<deskriptor> Produktportfolios</deskriptor>
Pflege von<deskriptor> Anlagengruppen</deskriptor> und<deskriptor> Anlagenkonten</deskriptor>
```

Genauso gute Ergebnisse sind im Kontext von *Optimierung* zu finden. Wird dieser Graph aber ohne weitere Kontextinformationen angewendet, so können auch Informationen extrahiert werden, die keine Jobdeskriptoren sind. Hier wird das Beispiel von dem Lexem *Eigenschaften* angebracht, das extrahiert wurde, als Deskriptor aber nicht miteinbezogen wird. Der andere Deskriptor *betrieblichen Prozessen* wiederum ist wenig aussagekräftig und kann als solcher nicht fungieren. Beide Deskriptoren werden beim ersten Durchlauf des semiautomatischen Programms als Stoppwörter eingestuft und aus der weiteren Analyse ausgeschlossen.

```
Optimierung der<deskriptor> Verbindungstechnologie</deskriptor>
Optimierung des<deskriptor> Kreditorenprozesses</deskriptor>
Optimierung ihrer<deskriptor> Eigenschaften</deskriptor>
Optimierung und Umsetzung der<deskriptor> Bedarfsplanung</deskriptor>
Optimierung und Umsetzung<deskriptor> verfahrenstechnischer Konzepte</deskriptor>
Optimierung und Wartung der bestehenden<deskriptor> mobilen Systeme</deskriptor>
Optimierung von<deskriptor> betrieblichen Prozessen</deskriptor>
```

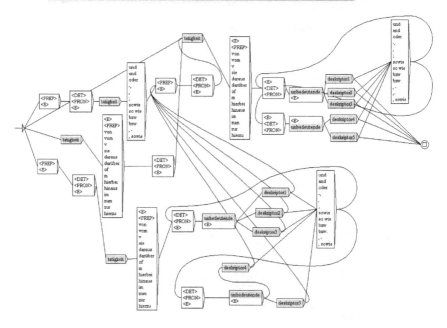

Abbildung 6 : Graph Haupttätigkeit

- Graph: Diplom

Der Graph Diplom behandelt diverse Möglichkeiten, in welchen Formen Deskriptoren im Kontext von Qualifikationen/Kenntnissen/Diplomen/Titeln anzutreffen sind. Die hierbei herangezogenen Kontexte sind:

- Abgeschlossenes Studium + (Artikel, Präposition)
- Berufsausbildung als
- Berufsausbildung + (Präposition)
- Dipl.-Ing.
- M.A.
- Einsatz als...
- Einsatz + (Präposition)
- Prüfung + (Artikel, Präposition)
- Studium + (Artikel, Präposition)

Als potenzielle Deskriptoren gelten alle mögliche Fachrichtungen oder Fakultäten. So extrahiert der Graph Ausdrücke, welche sich auf Fachrichtungen beziehen. Einer Fachrichtung wird dann oft entweder *Abgeschlossenes Studium* oder *Studium* vorangestellt, z.B.:

```
ben ein abgeschlossenes Studium mit Fachrichtung<deskriptor> Infor matik</deskriptor>
ben ein Studium der<deskriptor> Wirtschaftsoder Ingenieurwissen</deskriptor>
ben ein Studium der<deskriptor> Wirtschaftsoder Ingenieurwissen</deskriptor>
ten ein Studium der<deskriptor> Betriebswirtschaftslehre</deskriptor>
ber ein Studium des<deskriptor> Wirtschaftsingenieurwesens</deskriptor>
ber ein abgeschlossenes Studium der<deskriptor> Elektrotechnik</deskriptor>
ber ein abgeschlossenes Studium der<deskriptor> Informatik</deskriptor>
ber ein abgeschlossenes Studium der<deskriptor> Elektrotechnik</deskriptor>
ber ein abgeschlossenes Studium im<deskriptor> Ingenieurwesen</deskriptor>
```

Des Weiteren sind Fachrichtungen auch im rechten Kontext von *Dipl.Ing.* enthalten:

```
Dipl.-Ing.<deskriptor> Feinwerktechnik</deskriptor>
Dipl.-Ing.<deskriptor> Informatik</deskriptor>,<deskriptor> Elektrotechnik</deskriptor>
Dipl.-Ing.<deskriptor> Informatik</deskriptor>,<deskriptor> Elektrotechnik</deskriptor>
Dipl.-Ing.<deskriptor> Informatik</deskriptor>,<deskriptor> Elektrotechnik</deskriptor>
Dipl.-Ing.<deskriptor> Maschinenbau</deskriptor>
Dipl.-Ing.<deskriptor> Maschinenbau</deskriptor>
```

Auch Kenntnisse, Instrumente oder Fähigkeiten können als Deskriptoren fungieren. Sie sind im rechten Kontext von *Einsatz* anzutreffen. Der Graph erkennt in diesem Fall folgende Deskriptoren:

```
Einsatz in der<deskriptor> Hämodialyse</deskriptor> Behandlung) Betreuung v
Einsatz von<deskriptor> externen Entwicklern</deskriptor> und machen Vorgab
Einsatz von<deskriptor> Hilfsstoffen</deskriptor> und<deskriptor> Energie</deskriptor>
Einsatz von<deskriptor> Hilfsstoffen</deskriptor> und<deskriptor> Energie</deskriptor>
Einsatz von<deskriptor> Lehrtechniken und -medien</deskriptor> vermittelt u
Einsatz von<deskriptor> Marketinginstrumenten</deskriptor> Kenntnisse in Ve
Einsatz von<deskriptor> Methoden</deskriptor> und<deskriptor> Werkzeugen</deskriptor>
Einsatz von<deskriptor> SAP</deskriptor>.{S} Hierbei setzen wir das HR-Modu
Einsatz von<deskriptor> Transaktionsmonitoren</deskriptor> Gute Middleware-
Einsatz von<deskriptor> Verkaufstechniken</deskriptor>.{S} Sie übernehmen d
```

Das gleiche Beispiel stellt die Umgebung von *Prüfung* dar. Dieser Kontext weist mit hoher Wahrscheinlichkeit auf darauffolgende Deskriptoren hin:

```
Prüfung von<deskriptor> Ausgangsstoffen</deskriptor>,<deskriptor> Packmitteln</deskriptor>
Prüfung von<deskriptor> AusschreibungsunterlagenNachtragskalkulationErkennen</deskriptor>
Prüfung von<deskriptor> Banken</deskriptor>.{S} Die Prüfungserfahrung haben
Prüfung von<deskriptor> BestandsunterlagenProjektierung</deskriptor> und<deskriptor>
Prüfung von<deskriptor> Förderprogrammen</deskriptor>,<deskriptor> Zuwendungsmaßnahmen</deskripto
Prüfung von<deskriptor> Geschäftsmodellen</deskriptor> Überprüfung des Grün
Prüfung von<deskriptor> Kraftfahrzeugen</deskriptor> und<deskriptor> Anhängern</deskriptor>
```

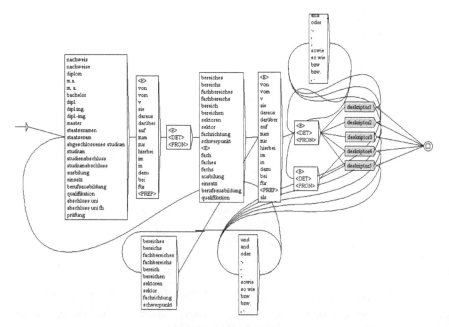

Abbildung 7 : Graph Diplom

- Graph: Als Deskriptor

Der Graph als_Deskriptor bedient sich der Kontexte, die zur Beschreibung einer vakanten Arbeitsstelle dienen. Das häufigste Indiz dafür ist das Verb *suchen* in verschiedenen Formen, gefolgt von fakultativen Angaben wie *sofort, ab sofort, baldmöglichst*, dem Personalpronomen *Sie* und einer Konjunktion *als*. Der Graph beinhaltet auch fünf Subgraphen, die Deskriptoren von 1 bis 5 genannt werden. Diese Subgraphen präzisieren die Wortarten und Worteigenschaften von Deskriptoren, die zu extrahieren sind.

Der Graph als_Deskriptor liefert hierbei folgende Ergebnisse:

```
Sie  ab sofort als<deskriptor> Auftragssachbearbeiter</deskriptor> mit
Wir  suchen Sie als<deskriptor> Bankkaufmann</deskriptor> als [Sachbea
Wir  suchen Sie als<deskriptor> Customer Service</deskriptor> Coordina
Wir  suchen Sie als<deskriptor> Feinwerkmechaniker</deskriptor>
Wir  suchen Sie als<deskriptor> Leiter</deskriptor>/in des Quality Eng
Wir  suchen Sie als<deskriptor> Medical</deskriptor> Advisor/ Medical
Wir  suchen Sie als<deskriptor> Systemingenieur</deskriptor>
und  sucht Sie als<deskriptor> Fachkrankenschwester</deskriptor> (m/w)
und  sucht Sie als<deskriptor> Technischer Mitarbeiter</deskriptor> Ku
und  sucht Sie als<deskriptor> Technischer Support</deskriptor> (m/w)
und  sucht Sie als<deskriptor> Technischer Zeichner</deskriptor> Heizu
und  sucht Sie als<deskriptor> Werkzeugtechniker</deskriptor> (m/w) od
```

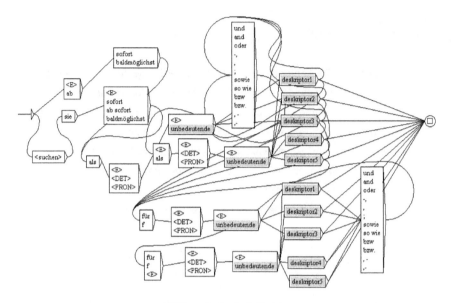

Abbildung 8 : Graph Als_Deskriptor

- Graph: Abteilung

Eine der weiteren Möglichkeiten, wo im Text potenzielle Jobdeskriptoren vorkommen können, ist der Kontext von Abteilung.

Der Graph Abteilung berücksichtigt zwei Möglichkeiten. Im ersten Fall wird der rechte Kontext von Abteilung in Betracht gezogen. Im Zweiten wird Abteilung der Branche nachgestellt und das Ganze als Kompositum extrahiert.

Das vorliegende Beispiel zeigt Deskriptoren, die im rechten Kontext von Abteilung enthalten sind:

```
er UNK] die Abteilung<deskriptor> Bauunterhaltung</deskriptor> sowie
{S} Für die Abteilung<deskriptor> Clinical Research &amp</deskriptor>
{S} Für die Abteilung<deskriptor> Clinical Research</deskriptor>
{S} Für die Abteilung<deskriptor> Finance</deskriptor>
{S} Für die Abteilung<deskriptor> Finance</deskriptor>
{S} Für die Abteilung<deskriptor> Quality Assurance</deskriptor>
{S} Für die Abteilung<deskriptor> Quality Assurance</deskriptor>
{S} Für die Abteilung<deskriptor> Quality Assurance</deskriptor>
nerhalb der Abteilung<deskriptor> Pharmazeutische Entwicklung</deskriptor>
```

In diesem Beispiel werden Komposita extrahiert, die aus der Branchenbeschreibung und dem nachgestellten Lexem Abteilung bestehen:

```
ür die <deskriptor>Export-Abteilung</deskriptor> als Kauffra
ür die <deskriptor>Export-Abteilung</deskriptor> als Kauffra
unsere <deskriptor>IT-Abteilung</deskriptor> in Leipzig such
unsere <deskriptor>Marketing-Abteilung</deskriptor> am Stand
unsere <deskriptor>OP-Abteilung</deskriptor> mit 8 Sälen, 2
en die <deskriptor>QA-Abteilungen</deskriptor> bei der Siche
```

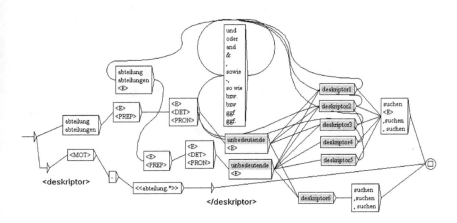

Abbildung 9 : Graph Abteilung

- Graph: Titel

Der vorliegende Graph extrahiert die Informationen aus dem bereits vorbearbeiteten Teil des Textes. In jeder Stellenanzeige wurde der Titel im Quadratklammern gesetzt und in Form [<Jobtitlel> UNK] präsentiert. Die Informationen, die sich im Titel verbergen, sollen aufgrund seiner Spezifikation schlüssig und informativ sein. Der Jobtitel ist aber nicht immer präzise genug. Darin besteht auch das Problem der aus dem Titel extrahierten Informationen. Der Graph extrahiert den kompletten Titel und taggt das im Quadratklammern identifizierte Jobgebiet.

Die folgende Konkordanzliste listet Ergebnisse auf, welche der Graph *Titel* extrahiert:

```
{S} = :: Adecco :: [<deskriptor>Facility Manager</deskriptor> UNK] (m/w) w
{S} = :: Adecco :: [<deskriptor>Verpacker</deskriptor> UNK] m/w www.adecco
{S} = :: Adecco :: [<deskriptor>Industriemechaniker</deskriptor> UNK] (m/w
{S} = :: Adecco :: [<deskriptor>Senkerodierer</deskriptor> UNK] (m/w) www.
{S} = :: Adecco :: [<deskriptor>Spritzlackierer</deskriptor> UNK] (m/w) ww
{S} = :: Adecco :: [<deskriptor>Fahrer</deskriptor> UNK] (m/w) www.adecco.
{S} = :: Adecco :: [<deskriptor>Staplerfahrer</deskriptor> UNK] (m/w) www.
```

Die hier erkannten Begriffe sind aussagekräftig genug, um zu einem Jobsektor oder einem Berufsfeld als Deskriptor zugeordnet zu werden. Problematisch ist es, wenn sich aufgrund der extrahierten Begriffe kein Berufsfeld bestimmen lässt. Das untere Beispiel zeigt einen solchen Fall:

```
{S} = :: Adecco :: [<deskriptor>Berater</deskriptor> UNK] (m/w) www.adecco
S} = :: Adecco :: [<deskriptor>Niederlassungsleiter</deskriptor> UNK] (m/
;S} = :: Adecco :: [<deskriptor>Projektleiter</deskriptor> UNK] (m/w) New
;S} = :: Adecco :: [<deskriptor>Techniker</deskriptor> UNK] (m/w) im Hochb
;S} = :: Adecco :: [<deskriptor>Sachbearbeiter</deskriptor> UNK] Einkauf (
;S} = :: Adecco :: [<deskriptor>Ingenieur</deskriptor> UNK] / [Techniker U
;S} = :: Adecco :: [<deskriptor>Sachbearbeiter</deskriptor> UNK] (m/w) Bil
```

Die im obigen Beispiel erkannten Wortformen vermitteln keine branchenspezifischen Inhalte - sie sind zu allgemein. Ein Sachbearbeiter oder

26

Techniker könnten im beinahe jeden Jobsektor vertreten sein. Solche Wortformen werden bei der Auswertung als Stoppwörter eingestuft und nicht in die weitere Analyse miteinbezogen.

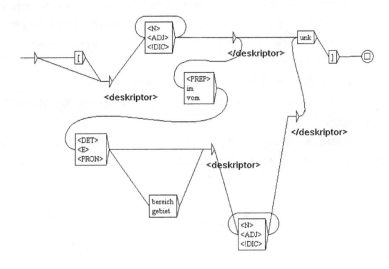

Abbildung 10 : Graph Titel

6   Deskriptorenlisten

Mithilfe des Algorithmus zur Stellenanzeigenklassifikation wurden aus dem Korpus zahlreiche Deskriptoren extrahiert und zu den entsprechenden, thematisch passenden Listen zugeordnet. Für jeden Jobsektor wurde eine separate Liste erstellt und dann im UTF-8 Format abgespeichert. Detaillierte Übersicht aller extrahierten Deskriptoren wird im Kapitel 10.2 präsentiert.

Aufgrund des Arbeitsumfangs werden im diesen Kapitel nur einige Deskriptorenlisten analysiert. Eine Analyse aller Deskriptorenlisten würde den Rahmen der vorliegenden Arbeit sprengen.

Folgende Deskriptorenlisten werden der Analyse herangezogen: Banken, Baugewerbe/Bauindustrie und IT. Der Bereich Banken enthält folgende Deskriptoren:

bankierin	banker	bank
volksbanken	bankprodukten	transaktionen
geschäftsbank	bausparkasse	mitarbeiter=treasury
kapitalmärkte	zahlungsverkehr	meldewesensoftware
wertpapierprodukten	bankinterner	cash=management
bankfachlichen	wertpapierhandel	transaktion
banken	bankgeschäftes	banking
bankier	sparkasse	capital
spezialbank	treasury	

Was hierbei auffällt, sind zahlreiche Komposita, die den Stamm Bank enthalten, wie: *geschäftsbank, volksbanken* oder *spezialbank* sowie Berufsbezeichungen *bankierin, banker, bankier* oder *mitarbeiter=treasury*. Es gibt auch Wortformen, die eindeutig als Kreditinstitute klassifiziert werden, obwohl sie kein Bestimmungs- oder Grundwort Bank enthalten, z.B.: sparkasse, bausparkasse. Des Weiteren kommen als Deskriptoren branchentypische Tätigkeiten vor, die zwar keine Wortformen wie Bank oder Kreditinstitut beinhalten, können aber problemlos als thematisch passende Deskriptoren identifiziert werden: *zahlungsverkehr, transaktion, wertpapierprodukte* oder *wertpapierhandel*. Eine andere Sparte bilden die branchenspezifische Adjektive wie *bankfachlich* oder *bankintern* sowie die branchenspezifischen Substantive-*bankgeschäft und bankprodukten*.

Im Bereich Baugewerbe/ Bauindustrie wurden folgende Deskriptoren extrahiert:

tgaaufgabenbezogene	tragwerksplanung	bauingenieur
montage	innenarchitektin	gebäudetrocknung
vob	liegenschaftsmanagement	dammbau
ava	auftragskalkulation	baubetrieb
stahlbeton	baustelle	bauphysik
schlüsselfertiges	schlüsselfertigem	bauzustandsanalysen
betonbauer	büroraummanagement	sivv
bauüberwachung	gebäudemanagementprojekt	schornsteinbauer
bauwesen	enanalyse	cad=visualisierung
schlüsselfertige	wasserbau	baumanagement
baudenkmalpflege	bauunterhaltungsarbeiten	technischer=zeichner
gebäudemanagementprojekt	schlüsselfertig	facility=manager
en	bauhelfer	kulturbau
gewerbebau	flächenmanagementkalkulati	straßenbau
bauträgern	on	rohrleitungsbau
baustellen	bauarchitekt	bauzeichner
technischen=gebäudewirtsch	facilitymanagement	bauingenieurin
aft	bauleiter	innenarchitekt
ingenieurbau	gebäudetechnik	generalbau
bautechnischen	entwurfsbau	bauqualität
gebäudemanagementssteuer	gerüstbauer	bauleitung
ung	bauvorhaben	bauzeichnerin
schlüsselfertigbau	maurer	baurecht
erdbewegungsarbeiter	statik	trockenbau
schlüsselfertigen	gleisbau	winava
architekturbüro	bauprozessmanagement	cad=konstruktion
tunnelbau	bauingenieure	stahlbetonbauer
bauhilfskraft	gis=systemen	großbaustellen
metallbau	cad=zeichnungen	bauunternehmung
baumaßnahmen	bauplanung	gebäudemanagement
facility	tiefbau	bauingenieurwesen
bautechniker	tgaberufserfahrung	facility=management
gis	schlüsselfertiger	hochbau
bauunternehmen	rbbau	passivhausbauweise

Ziemlich stark sind in diesem Jobsektor zahlreiche Abkürzungen repräsentiert, die ohne gründliche Branchenkenntnisse nur schwer zu interpretieren sind, wie z.B.: *winava* (Bausoftware für Architekten und Planer), *gis* (Gebäudeinformationssystem), *sivv* (Schützen, Instandsetzen, Verbinden und Verstärken von Betonbauteilen), *rbbau* (Richtlinien für die Durchführung von Bauaufgaben des Bundes), *vob* (Vergabe- und Vertragsordnung für Bauleistungen), *ava* (andere Abkürzung von WinAVA) oder *tgaaufgabenbezogene* (tga - Technische Gebäudeausrüstung). Weiterhin kommen als Deskriptoren zahlreiche Komposita vor, die branchentypische Tätigkeiten beschreiben und die Wortform Bau enthalten: *bauüberwachung, baudenkmalpflege, bauunterhaltungsarbeiten, bauzustandanalysen, gebäudemanagementsteuerung, bauplanung* oder *tunelbau* und auch welche, die in ihren Namen diese Wortform nicht

29

enthalten: *tragwerksplanung* oder *auftragskalkulation*. Auch die für diese Branche typischen Berufsbezeichnungen sind hier präsent wie: *bauhilfskraft, bautechniker, innenarchitektin, bauhelfer, bauarchitekt, bauleiter, maurer, bauingenieur, technischer zeichner* und *bauzeichnerin*. Des Weiteren sind mehrfache Komposita anzutreffen, z.B.: *gebäudemanagementsteuerung, büroraummanagement, bauprozessmanagement, gebäudemanagementprojekt* oder *flächenmanagementkalkulation*. Sporadisch gibt es auch Indizien auf die in der Branche verwendeten Tools: *cad visualisierung* und *cad konstruktion*.

Der Bereich IT enthält folgende Deskriptoren:

webmaster	network	client
it=architektur=management	netzwerkbereich	application=system
system=engineering	windows	software
it=produktmanagement	embedded=systems	elektronischer=hardware
cobol	online=personalanzeigen	hardwareprojekten
anwendungssoftware	datenbankanwendungen	betriebssystem
softwareanpassungen	itprojekten	it=architekturen
mac	it=infrastrukturen	it=systemanalyse
it=sicherheit	datenbank=installation	it=sicherheitskonzeptes
anwendungsbetreuer	sap=modul	itil
it=beschaffung	web=technologien	it=projekte
sap=einführung	apache	linux=administration
security	mq=series	anwendungsadministration
it=training	internet	it=projekten
systemarchitekt=business=int	web=entwicklung	javascript
elligence	it=abteilung	it=beratung
css	edv=anwendungen	hardware=entwicklung
systemadministrator	helpdesk	system=administrator
programmierpraktika	linux	it=projektmanagement
ecommerce	it=dienstleister	projektleiter=anwendungsent
it=projektleitung	microsoft=standardsoftware	wicklung
anwendungsanalyse	business=intelligence	sap=crm
servern	business=intelligence=profes	it=aktivitäten
aris	sional=sas	fach=informatikerin
applikationsservern	sap=entwicklung	internet=administratorin
datenbankadministration	internetadministrator	vb
netzwerkadministration	metis	windows=server
it=architektor	programmiersprachen	sql
eplan	administrator=cad	netzwerks
technischer=support	ebusiness	ldap
it	programmiererin	operating=system
java	it=gesamtkonzeptes	data=warehouse
it=business	web=master	software=engineering
hardware=engineering	programmierer	anwendungsprogrammierung
programmiersprache	cad	it=implementierung
serverdiensten	digital=archivierung	hardwareorientierter
hardwaresysteme	sas=experte	scriptsprache
rechenzentrum	unix	it=infrastruktur
it=prüfungskonzepten	java=entwicklung	it=prozesse
e=clinical	tcp	elektronischen=datenverarbei
netzwerksicherheit	systemtechniker=fachinforma	tung
backend=systeme	tiker=systemintegration	e=betriebswärter

bi=lösungen
abap
smtp
it=systeme
softwareentwicklungsprozess
e
abap=programmierung
web
internetadministratorin
serverbereich
html
edv=gestützten
e=commerce
it=gestützten
it=architekt
sap=beratung
soa
datenbank=anwendungen
operating=systems
großrechner
e=mailsystems
system=beratung
dokumentenmanaement
jsp
sap=crm=applikationen
webdesign
softwareprogrammierung
virtualisierungssoftware
netzwerk

system=administratorin
pc=standardsoftware
change=management
systemadministratorin
betriebssysteme
it=reviews
internet=administrator
fachinformatiker
datenbankentwicklung
betriebssystemen
it=beschaffungen
wirtschaftsinformatik
hardware
server
netzwerkkenntnisse
informationstechnik
windows=systemlandschaft
datenverarbeitung
it=security
matlab
it=umfeld
statistischer=software
unixbetriebssystemen
it=architektur
it=landschaft
visualbasic=kenntnisse
firmware=entwicklung
informatik
anwendungsentwicklung

it=qualitätssicherung
e=klausuren
fachinformatikerin
webmanagement
sql=datenbanksystemen
it=management
it=bereich
web=design
it=lösungen
digital=video
programmierung
mailsystems
organisationsprogrammierun
g
it=anwendungen
oracle
it=qualitätsprüfung
fach=informatiker
softwareentwicklung
sap=entwickler
e=business
sigraphkenntnisse
clients
application=systems
software=tools
olap=datenbanken
informationstechnologie

Wie es aus der obigen Liste hervorgeht, ist die Struktur der Deskriptoren im IT Bereich sehr komplex. Auch quantitativ ist dieser Bereich stärker repräsentiert als andere Bereiche.[18] In diesem Jobsektor sind zahlreich differenzierte Abkürzungen vertreten, die ohne ein tiefes Hintergrundwissen schwer als Deskriptoren zu lokalisieren sind, z.B.: cobol (Common Business Oriented Language), css (Cascading Style Sheets), aris (Architektur integrierter Informationssysteme), eplan (Software Anbieter, Software Lösungen), jps (Java Prozess Status), sap (Software), cmr (Compact Measurement Record), matlab (Software), tcp (Transmission Control Protocol), itil (Information Technology Infrastructure Library), vb (Visual Basic), sql (Datenbank), ldap (Integrated Domestic Abuse Programme) oder olap (Online Analytical Processing). Charakteristisch sind für diesen Bereich mehrfache Komposita (Netzwerkadministration, Datenbanksysteme) sowie bestimmte Wortformen, die IT oder Software als Stamm oder Determinierungswort beinhalten (IT-Architektur, IT-Beratung, Anwendungssoftware, Softwareentwicklung). Mehrfach kommen auch

---

[18] Vgl. dazu Deskriptorenlisten im Kapitel 10.2

Berufsbezeichnungen vor (Fachinformatiker, Systemadministratorin, Internetadministratorin). Häufiger als in den anderen Bereichen sind hier mehrgliedrige Deskriptoren vertreten (IT-Architektur-Management, elektronische Datenverarbeitung, SAP-CRM-Applikationen). Die semantische Struktur der Deskriptoren ist sehr differenziert. Es gibt Deskriptoren, die aus den Berufsbezeichnungen bestehen. Berufsbezeichnungen sind Entitäten, die oft eine eindeutige Information bzgl. der Branche beinhalten können, wie z.B.: Verpacker, Landwirt, Fischwirtin, Agrartechniker. Andere Deskriptoren beziehen sich auf branchenspezifische Tätigkeiten (Zahlungsverkehr, Transaktion, Wertpapierhandel) oder auf die Unternehmensspezifikation (Volksbank, Immobilienbüro, Klinik). Des Weiteren findet man Deskriptoren, die branchenspezifische Tools oder Kenntnisse beschreiben (SQL, SAP, Visual Basic Kenntnisse, Datenbank Anwendungen) oder aus branchentypischen Adjektiven bestehen (elektronisch, kinematisch, pharmazeutisch, juristisch). All diese Formen liefern eindeutige Hinweise auf Jobsektoren, was eine ziemlich präzise Klassifikation ermöglicht.

7 Präzision- Recall Werte

Für die Auswertung werden 126 Stellenanzeigen, d.h. 10% des Korpus herangezogen. Es ist zu beachten, dass jede Stellenanzeige mehreren Sektoren zugeordnet werden kann. Wenn die Stellenanzeige keinem der 40 Sektoren zugeordnet ist, ist sie dann dem Sektor „Sonstige Branchen" zuzuschreiben. Eine Stellenanzeige wird dem Jobsektor "Sonstige Branchen" zugeordnet, wenn sie zu keinem der Jobsektoren passt oder keine Deskriptoren enthält, welche die Klassifikation ermöglichen. Für die Algorithmusevaluierung wurde die Textkategorisierung manuell geprüft.

Als Qualitätsmaße für die Auswertung werden klassische Instrumente ausgewählt: Recall, Präzision und F-Mittel[19]. Recall ist die Summe aller automatisch richtig zugeordneten Sektoren durch die Anzahl von Sektoren, die manuell zugeordnet sind.

---

[19] Vgl. Moens, Marine-Francine: "Information Extraction: Algorithms and Prospects in Retrieval Context", s.182

Präzision ist die Summe aller automatisch richtig zugeordneten Sektoren durch alle automatisch zugeordneten Sektoren. F-Mittel ist ein ergänzender Wert, der die totale Effektivität der beiden Werte misst und durch Formel **F = (2*Präzision*Recall) / (Präzision + Recall)** berechnet wird.

Die vorhandenen 126 Stellenanzeigen wurden automatisch zu 183 Sektoren zugeordnet. Dabei wurden 165 richtig und 18 falsch zugeordnet. 39 Sektoren wurden bei der Kategorisierung nicht genannt.

$$\text{RECALL } 165/204*100\%=80,9\%$$
$$\text{PRECISION } 165/183*100\%=90,2\%$$
$$\textbf{F = (2*90,2\%*80,9\%) / (90,2\% + 80,9\%)=85,3\%}$$

Im Idealfall soll die Stellenanzeige automatisch allen Sektoren zugeordnet werden, denen sie auch manuell zugeordnet werden sollte.

Gewisse Probleme bereiten sehr kurze Stellenanzeigen, die nicht selten nur aus einem Titel bestehen. Sie werden oft entweder falsch oder gar nicht klassifiziert. Die Ursache liegt daran, dass die Stellenanzeigen nach Punkten klassifiziert werden. Um eine Stellenanzeige zu klassifizieren reicht oft ein Deskriptor im Titel aus, was in manchen Fällen nicht präzise genug ist oder sogar irreführend sein kann. Die kurzen Anzeigen können nicht einmal diese Punktenzahl erreichen. Aus diesem Grund werden sie nicht klassifiziert.

Manchmal werden sie nicht klassifiziert, weil die Deskriptoren in sehr kurzen Text überhaupt nicht auftreten. An dieser Stelle könnte es ratsam sein, eine andere Herangehensweise für den Punktenscore bei besonders kurzen Stellenanzeigen zu erarbeiten.

Die Ergebnisse sind in der Tabelle 1 dargestellt.

Recall (R)	80,9%
Precision (P)	90,2%
F_1-Measure (F)	85,3%

Tabelle 1: Auswertung der Ergebnisse

Wie in den meisten gleichartigen Extraktionssystemen, die auf der Basis von manuell erstellten Kontexten in Form von endlichen Automaten aufgebaut sind, zeigen die erarbeiteten lokalen Graphen sehr hohe Präzisionwerte[20].

8 Fazit

Das Ziel der vorliegenden Arbeit war die Erarbeitung einer Methode zur Stellenanzeigenklassifizierung, die in der Extraktion von relevanten Jobdeskriptoren aus den Stellenanzeigen besteht. Für diesen Zweck wurde ein semiautomatischer Algorithmus erstellt, der die Stellenanzeigen nach Jobsektoren klassifiziert. Dieser Prozess verläuft in zwei Phasen:

- Trainingsphase
- Anwendungsphase

In der Trainingsphase, die aus zwei Hauptaufgaben (Preprocessing und Klassifizierungsprozess) besteht, wird das Korpus erst normalisiert. Mit UNITEX werden Kontexte beschreiben, in denen die für Jobsektorenklassifikation relevanten Kontexte vorkommen. Der Einsatz von Seedlisten ermöglicht die Vorklassifikation. In der Lernschleife werden Deskriptoren extrahiert und in die Deskriptorenlisten hinzugefügt.

In der Anwendungsphase wird das Deployment Korpus auf der Grundlage der erstellten Wörterbücher und Kontexte klassifiziert. Von besonderer Bedeutung ist dabei die Punktenvergabe (sieh dazu das Kapitel 4). Erhält eine Stellenanzeige Score 3 oder mehr, dann wird sie entsprechend klassifiziert. Dieses Model der graduellen Klassifizierung bietet viel mehr als andere Lösungen an. Riloff[21] präsentiert z.B. ein Klassifikationsmodell nach booleschean Werten, das auf das Vorhanden oder nicht Vorhanden von Deskriptoren im Text basiert. Das in dieser Arbeit erarbeitete System bietet auch den Aspekt der Relevanz an. Die Jobsuchenden können die Stellenanzeigen innerhalb eines Sektors nach Relevanz sortieren. In der Ergebnisliste

---

[20] Vgl. Hobbs et al. (1996), S.: 383-406. Auch: Bsiri, Geierhos (2007), S.: 236
[21] Vgl. Riloff (1994), S.: 330

werden solche Stellenangebote höher platziert, die über mehr Punkte verfügen. Weniger relevante Anzeigen (mit wenig Score) werden hingegen dementsprechend weit unten positioniert.

Der für die Zwecke der vorliegenden Arbeit implementierte Alghoritmus zeigt hohe Präzision- und Recallwerte. Diese Lösung lässt sich um eine oder mehrere Kategorien erweitern oder reduzieren. Sie kann auch bei der Klassifizierung anderer thematischen Bereichen implementiert werden. Die Voraussetzung dafür ist der Einsatz anderer Seedlisten sowie die Anpassung der lokalen Grammatiken zu Spezifik des jeweiligen Bereichs (Berücksichtigung anderer Kontexte). Nicht zuletzt erhöht das implementierte Scoresystem die Präzision und gibt die Möglichkeit in den klassifizierten Stellenanzeigen auch die Relevanz zu bewerten.

Nach der Auswertung der Ergebnisse lassen sich auch potenzielle Verbesserungsmöglichkeiten identifizieren. Als erstes muss das Problem der Länge der Anzeigen angesprochen werden. Einige Anzeigen, die sehr kurz sind oder nur aus dem Titel bestehen, werden oft entweder nicht oder falsch klassifiziert. Die kleineren Anzeigen verfügen nicht über viel Content, aus dem die Deskriptoren extrahiert werden könnten. Um eine Stellenanzeige zu klassifizieren reicht oft ein Deskriptor im Titel aus, was in manchen Fällen nicht präzise genug ist oder sogar irreführend sein kann. Um dieses Problem zu lösen, sollten die Stellenanzeigen nach der Größe sortiert werden. Für die Kürzeren sollte ein anderer Algorithmus erarbeitet werden.

Werden größere Trainingskorpora eingesetzt, was zur Erweiterung der Deskriptorenlisten führt, so erreicht man dadurch auch bessere und präzisere Ergebnisse. Interessant wäre in diesem Zusammenhang der Mutual Bootstrapping Algorithmus im Sinne von Riloff[22]. Dafür musste man die extrahierten Deskriptoren jeweils nach semantischen Klassen (Geräte, Fähigkeiten, Bereiche, Studienfächer, etc.) klassifizieren und bei jeder semantischen Klasse versuchen, die Kontexte mithilfe von extrahierten Wörtern anzupassen.

Nicht zuletzt soll die Spezifik von Stellenanzeigen berücksichtigt werden, die gleichzeitig mehreren Sektoren angehören können. Auch die Wahrnehmung von Sektoren kann sehr subjektiv sein.

---

[22] Vgl. Riloff, Jones (1999), S.: 474-479

9 Literaturverzeichnis

9.1 Fachliteratur und Artikel

1. Belkin, NJ; Croft, WB (1992): Information filtering *and* information retrieval: Two sides of the same coin? - In: Communications of the ACM 35(12), S.: 29-38

2. Riloff, E., Lehnert, W.: Information Extraction as a Basis for High-Precision Text Classification. University of Massachusetts, In: ACM Transactions on Information Systems, July 1994, Vol. 12, No 3, S.: 296-333 (http://www.cs.utah.edu/~riloff/pdfs/acmtois94.pdf) (18.10.2010)

3. Riloff, E. and Jones, R.: Learning Dictionaries for Information Extraction by Multi-Level Bootstrapping, Proceedings of the Sixteenth National Conference on Artificial Intelligence (AAAI-99) , 1999, pp. 474-479

4. Bsiri, S., Geierhos, M.: Informationsextraktion aus Stellenanzeigen im Internet. Im LWA'07 Tagungsband. Workshop-Woche: Lernen - Wissen - Adaption. 24.-26.09.2007. Halle/Saale. pp. 229-236: http://www.cis.uni-muenchen.de/~micha/publikationen/lwa2007_bsiri_geierhos.pdf (20.11.2010)

5. S. Bsiri, M., Geierhos, M., C. Ringlstetter: Structuring Job Search via Local Grammars, In: Advances in Natural Language Processing and Applications, Research in Computing Science, Hsg.: Center for Computing Reaserch of IPN, Volume 33, Mexico 2008, S.: 201-213

6. Bulwahn, L.: Interdisziplinäres Projekt: Entwicklung einer lokalen Grammatik für Nominalphrasen. CIS LMU München, 2008.

7. Gross, M.: Methodes en sintaxe. Hermann, Paris, 1975.

8. ders: A bootstrap method for constructing local grammars. In Contemporary Mathematics: Proceedings of the Symposium, University of Belgrad, pages 229–250, Belgrad 1999

9. ders: Constructing Lexicon-grammars. In: Atkins (Hrsg.); Zampolli (Hrsg.): Computational Approaches to the Lexicon. Oxford Univ. Press, 1994.

10. ders: The Construction of Local Grammars. In Finite-State Language Processing, E. Roche & Y. Schabès (eds.), Language, Speech, and Communication, Cambridge, Mass.: MIT Press, pp. 329-354, 1997.

11. Guenthner, Franz: Local Grammars in Corpus Calculus. Proceedings to the Dialog Conference. Moscow, 2006: http://www.dialog-21.ru/dialog2006/materials/html/Guenthner.htm

12. Harris, Z. S.: Language and information. Columbia University Press, New York 1988, S. : 33

13. Lewandowski, Dirk: Web Information Retrieval: Technologien zur Informationssuche im Internet. DGI-Schrift, Frankfurt am Main, 2005.

14. Liu, Bing: Web Data Mining. Springer-Verlag Berlin Heidelberg, 2007.

9.2 Internetlinks

1. UNITEX: http://www-igm.univ-mlv.fr/~unitex/index.php?page=3 (20.10.2010)
2. The legacy of Zellig Harris. Language and information into 21st century. Hrg.: Nevin, B. E. In.: http://books.google.be/books?id=h2PHAVwp-ZQC&pg=PA105&lpg=PA105&dq=sublanguages+harris&source=bl&ots=MJJao EHZ6t&sig=c2ZXF_Wu-4axeT917esAuRcacel&hl=de&ei=fSBgTZH0FpSs8QPs1Kha&sa=X&oi=book_re

sult&ct=result&resnum=1&ved=0CBcQ6AEwAA#v=onepage&q=sublanguages%
20harris&f=false (19.11.2010)

3. http://citeseerx.ist.psu.edu/viewdoc/download?doi=10.1.1.105.2430&rep=rep1&t
ype=pdf (06.01.2011)

4. http://citeseerx.ist.psu.edu/viewdoc/download?doi=10.1.1.105.2430&rep=rep1&t
ype=pdf

5. http://www.gesis.org/download/fileadmin/missy/erhebung/Panel/1996-
1999/KldB92_MZ_1_.pdf (12.12.2010)

6. http://www.mpib-
berlin.mpg.de/de/forschung/bag/projekte/lebensverlaufsstudie/pdf/LV_ost_panel/
Nonresponse_Dokumentationshandbuch%20Kap62%20Berufsklassifikation%20
der%20Bundesanstalt%20f%FCr%20Arbeit.pdf (28.11.2010)

7. http://www.gesis.org/fileadmin/upload/dienstleistung/methoden/spezielle_dienste
/inhaltsanalyse_berufsklass/isco88_1_.pdf?download=true (30.11.2010)

8. Bundesagentur für Arbeit: Berufsklassifikation. Aus: http://www.mpib-
berlin.mpg.de/de/forschung/bag/projekte/lebensverlaufsstudie/pdf/LV_ost_panel/
Nonresponse_Dokumentationshandbuch%20Kap62%20Berufsklassifikation%20
der%20Bundesanstalt%20f%FCr%20Arbeit.pdf (28.11.2010)

9. Berufsklassifikation
http://www.gesis.org/fileadmin/upload/dienstleistung/methoden/spezielle_dienste
/inhaltsanalyse_berufsklass/isco88_1_.pdf?download=true (30.11.2010)

10 Anhang

10.1 Zuordnung der Berufsfelder zu der Jobsektoren

1 Agentur, Werbung, Marketing & PR
Marketing & Werbung
Medien & Information
Database-, Online- & Direktmarketing
Event Marketing
Handelsmarketing
Leitung Marketing
Marketingassistenz
Marktforschung & -analyse
Mediaplanung & Einkauf
PR, Investor Relations & Öffentlichkeitsarbeit
Produkt & Projekt Management
Sales Support
Werbung & Kommunikation
Strategisches Marketing
Weitere: Marketing & Werbung

2 Banken
Banken, Versicherungen & Finanzdienstleistungen
Wertpapierhandel
Weitere: Banken, Versicherungen & Finanzdienstleistungen
Zahlungsverkehr & Transaktionen

3 Baugewerbe/-industrie
Fertigung, Bau & Handwerk
Design & Architektur
Bauwesen & Montage
Weitere: Fertigung, Bau & Handwerk
Bauingenieurwesen
CAD Konstruktion & Visualisierung
Bautechniker
Techn. Zeichner & Bauzeichner
Architektur
Design
Weitere: Design & Architektur

4 Bergbau

5 Bildung & Training
Schule, Universität & Weiterbildung
Ausbilder

Kindergarten & Vorschule
Universität & Fachhochschule
Unterricht: Grundschule
Unterricht: Primar- & Sekundarstufe
Berufsschule
Erwachsenenbildung
Weitere: Schule, Universität & Weiterbildung

6 Chemie- und Erdölverarbeitende Industrie
Chemie-Ingenieure
Chemie, Physik & Biologie

7 Druck, Papier, Verpackungsindustrie

8 Elektrotechnik, Feinmechanik & Optik
Mechaniker
Elektrotechnik-Ingenieure
Elektrotechniker & Elektroniker
Mechatroniker
Optiker & Akustiker

9 Energie- und Wasserversorgung & Entsorgung
Elektrik, Sanitär, Heizung & Klima

10 Fahrzeugbau-/zulieferer

11 Finanzdienstleister
Banken, Versicherungen & Finanzdienstleistungen
Finanz-, Rechnungswesen & WP
Zahlungsverkehr & Transaktionen
Warenmakler
Wertpapierhandel
Weitere: Banken, Versicherungen & Finanzdienstleistungen
Cash Management & Treasury
Finanzberatung
Leitung Finanzwesen
Steuern & Steuerberatung
Revisor
Anlagenbuchhaltung
Bilanz- & Finanzbuchhaltung
Debitorenbuchhaltung
Kreditorenbuchhaltung
Lohn- & Gehaltsbuchhaltung
Controlling Geschäftsbereich (Kostenrechnung & Planung)
Projekt & Fachbereich Controlling
Rechnungswesen
Weitere: Finanz-, Rechnungswesen & WP

Compensation & Benefits
Lohn & Gehalt
Steuer- & Finanzverwaltung

12 Freizeit, Touristik, Kultur & Sport
Kunst & Kultur
Sport & Fitness
Reinigung & Hauswirtschaft
Reiseverkehr & Tourismus
Weitere: Unterkunft, Bewirtung & Tourismus
Bibliothek
Museum & Galerie
Theater, Schauspiel, Musik & Tanz
Fotografie
Künstler

13 Gesundheit & soziale Dienste
Gesundheit, Medizin & Soziales
Zahntechniker
Jugend- & Sozialarbeit
Weitere: Gesundheit, Medizin & Soziales
Ärzte & Mediziner
Therapeutische Berufe
Assistenzberufe (PTA, MTA, ...)
Pflegeberufe
Praxispersonal
Sanitäts- & ambulanter Dienst

14 Glas, Keramik, Herstellung und Verarbeitung

15 Gross- und Einzelhandel
Vertrieb, Handel & Einkauf
Kaufmännische Berufe & Assistenz
Leitung Vertrieb, Handel & Einkauf
Verkauf
Weitere: Vertrieb, Handel & Einkauf
Weitere: Kaufmännische Berufe & Assistenz

16 Handwerk
Maler & Lackierer
Schreiner & Zimmerer

17 Hotel, Gastronomie & Catering
Unterkunft, Bewirtung & Tourismus
Hotel- & Gaststättengewerbe

18 Holz und Möbelindustrie

19 Immobilien
Immobilienmakler
Kalkulator

20 IT & Internet
IT & Telekommunikation
Anwendungsadministration
Anwendungsanalyse
Hardware-Entwicklung & Engineering
Helpdesk & Technischer Support
IT-Projektmanagement & -Projektleitung
IT-Architektur
IT-Beratung
IT-Qualitätssicherung & -prüfung
IT-Systemanalyse
IT-Training
Leitung IT
Systemadministration
Webdesign & Webmaster
Anwendungsbetreuung & Maintenance
Embedded Systems & Firmware Entwicklung
Organisationsprogrammierung
SAP Entwicklung
Software-, Anwendungsentwicklung & -programmierung
Software-Engineering
System Engineering & -Beratung
Data Warehouse
Datenbankadministration
Datenbankentwicklung
Netzwerk Aufbau & Pflege
Netzwerkadministration & Sicherheit
DTP & Grafik
E-Business & E-Commerce
Informatik
IT-Produktmanagement
SAP Beratung & Einführung
Weitere: IT & Telekommunikation

21 Konsumgüter/Gebrauchsgüter
Kosmetik, Haarpflege & Beauty

22 Land-, Forst- und Fischwirtschaft, Gartenbau
Land-, Forstwirtschaft & Umwelt
Landwirtschaft, Fischzucht & Gartenbau
Tierhaltung, -pflege & -betreuung

Umwelt- & Naturschutz
Weitere: Land-, Forstwirtschaft & Umwelt

23 Luft- und Raumfahrt
Luft- & Raumfahrttechnik

24 Maschinen- und Anlagenbau
industrielle Fertigung & Produktion
Maschinenbau-Ingenieure
Maschinenbautechniker

25 Medien (Film, Funk, TV, Verlage)
Technische Redaktion
Film, Fernsehen, Radio & Multimedia
Journalismus & Redaktion
Verlagswesen
Weitere: Medien & Information
Weitere: Kunst & Kultur

26 Medizintechnik

27 Metallindustrie
Metallhandwerk

28 Nahrungs- und Genußmittel
Nahrungsmittelherstellung & Verarbeitung

29 Öffentlicher Dienst & Verbände
Öffentlicher Dienst & Verbände
Beamte & Angestellte auf Landes- & kommunaler Ebene
Beamte & Angestellte im auswärtigen Dienst
Bundesbeamte & -bedienstete
Bundespolizei
Verbände & Vereinigungen
Weitere: Öffentlicher Dienst & Verbände

30 Personaldienstleistungen
Personalwesen
Personaladministration
Personalbeschaffung & Personalmarketing
Personalentwicklung, Weiterbildung & Training
Personalleitung
Personalreferat
Personalberater (Schwerpunkt Zeitarbeit)
Personalberatung
Weitere: Personalwesen

31 Pharmaindustrie

Pharmaberater & -referent
Pharmazie

32 Sonstige Branchen

33 Sonstige Dienstleistungen
Schalterservice
Unternehmensführung & Management
Sicherheit & Schutz
Arbeitssicherheit, Umweltschutz & Qualitätssicherung
Leitung (Vorarbeiter, Schichtführer & Meister)
Bühnen-, Bild- & Tontechniker
Außendienst
Einkauf
Kundenservice & Customer Service
Innendienst
Pre-Sales
Sachbearbeitung
Vertriebsassistenz
Projektmanagement
Archivierung & Dokumentation
Assistenz
Empfang & Telefonzentrale
Fremdsprachen & Übersetzung
Office Management
Sachbearbeitung
Sekretariat
Servicetechniker
Projektmanagement
Betriebs- & Bereichsleitung
Geschäftsleitung
Vorstand & Geschäftsführung
Weitere: Unternehmensführung & Management
Bundeswehr & Wehrverwaltung
Feuerwehr
Polizei & Justizvollzug
Sicherheits- & Schutzdienste
Weitere: Sicherheit & Schutz

34 Sonstiges produzierendes Gewerbe
Ingenieurwesen & techn. Berufe
Informatik-Ingenieure
Qualitätsmanager & Qualitätsingenieur
Verfahrenstechnik-Ingenieure
Weitere: Ingenieurwesen & techn. Berufe
Vertriebsingenieur

35 Textilien, Bekleidung & Lederwaren

36 Telekommunikation
Telekommunikation & Mobilsysteme
Call-Center & Telesales

37 Transport & Logistik
Transport & Logistik
Leitung Transport & Logistik
Paket- & Zustelldienste
Straßen-, Schienen-, Luft- & Seefracht
Supply Chain Management
Warehousing, Lagerhaltung & Warenlogistik
Baustofflogistik
Lebensmittellogistik
Spedition & Speditionskaufmann
Werkstoffe, Rohstofflogistik & Chemiedistribution
Weitere: Transport & Logistik

38 Unternehmensberatung, Wirtschaftsprüfung, Recht
Recht
Analyse & Economic Research
Anlage- & Vermögensberatung
Asset & Fond Management
Compliance & Sicherheit
Mergers & Acquisitions
Firmenkundengeschäft
Investment Banking
Kreditanalyse
Privatkundengeschäft
Risikomanagement
Wirtschaftsprüfung
Business Analyst
Business Development
Unternehmensberatung
Anwaltschaft
Justiz-, Notarfachangestellter & Anwaltsfachgehilfe
Justiziariat & Rechtsabteilung
Notariat
Richter & Justizbeamte
Weitere: Recht

39 Versicherungen
Vers.-Mathematik & Statistik
Versicherung: Sachbearbeitung & Spezialisten

40 Wissenschaft & Forschung
Forschung, Entwicklung & Wissenschaft
Geschichte & Archäologie

Materialwissenschaft
Forschung & Entwicklung
Mathematik, Statistik & Informatik
Weitere: Forschung, Entwicklung & Wissenschaft
Biotechnologie
Medizinische Forschung & Labor

10.2 Extrahierte Deskriptoren nach den Jobsektoren

Agentur, Werbung, Marketing & PR

p=relations
mitarbeiter=produktmanag
ement
trademark=manager
product=marketing=intellig
ence
brand=market=intelligence
trademark=market=intellig
ence
produktmanager
internetauftritts
produktlaunch
kampagnenkonzeptes
marketingabteilung
trademark=market
enterprize=content=manag
erin
trademark=director
messeauftritten
marktanalyse
markterfordernisse
marketing
marketingunterlagen
product=support
product=marketing=resear
ch
marktanalysen
produktbezogenen
trademark=specialist
handelsmarketing
brand=support
product=market=research
strategisches=marketing
produkt=specialist

public=relations
produkt=marketing
werbewirkungs=forschung
marktforschungsstudien
junior=produktmanager
vermarktung
brand=marketing
marktforschungsinstrumen
tarien
produkt=market
produkt=managerin
campaign=marketing
trademark=marketing=intel
ligence
produkt=marketing=intellig
ence
marketingstrategien
content=management
produkt=management
content=managerin
online=werbung
online=kampagnen
produktplatzierungen
marketingaktivitäten
brand=director
post=launch
trademark=marketing
product=specialist
enterprize=content=manag
ement
marktforschungsprojekten
trademark=support
produktmanagement
product=managerin

junior=brand=manager
campaign=support
enterprise=content=manag
erin
veranstaltungsmanageme
nts
anzeigen
online=pr
produkt=manager
marktaktuellen
content=manager
marktgerechter
campaign=specialist
product=director
trademark=marketing=res
earch
produkt=director
veranstaltungsmanageme
nt
brand=market=research
markttrends
produkt=support
brand=manager
kampagnen
marktforschung
mediaeinkauf
marktforschungskompeten
z
marktchancen
enterprise=content=manag
er
messe
campaign=market
p=relation

product=market
online=marketing
trademark=managerin
marketing=strate
product=market=intelligen
ce
markt=recherchen
marketing=material
campaign=managerin
personalmarketings
modera
marktindikatoren
texter
produktschulungen
produktportfolios
sponsoringmaßnahmen
public=relation
direktmarketing
brand=marketing=intellige
nce
jährlichen=media=prozess
e
marktstrategie
produkt=marketing=resear
ch

koordinator=change=contr
ol
marketing=maßnahmen
marketing=abteilung
product=marketing
produktmanagerin
project=manager=public=r
elations
marketingkonzepten
kundenschulungen
ecm
trademark=market=resear
ch
market=intelligence
marketingassistenz
pos=materialien
brand=marketing=researc
h
produkt=market=intelligen
ce
mediaplanung
media=aktivitäten
eventmarketing
marketingabteilungen
marketingaktionen

eventmanagement
market=research
cms
brand=managerin
werbung
brand=specialist
campaign=director
brand=market
brand=managementteam
marketing=plänen
marketingbereich
campaign=manager
market=research=manage
r
zielgruppenspezifischer
produkt=market=research
enterprise=content=manag
ement
vermarktungskonzepten
pressekontakte
marketingplänen
product=manager
enterprize=content=manag
er

Banken
bankierin
volksbanken
geschäftsbank
kapitalmärkte
wertpapierprodukten
bankfachlichen
banken
bankier
spezialbank

banker
bankprodukten
bausparkasse
zahlungsverkehr
bankinterner
wertpapierhandel
bankgeschäftes
sparkasse
treasury

bank
transaktionen
mitarbeiter=treasury
meldewesensoftware
cash=management
transaktion
banking
capital

Baugewerbe/-industrie
tgaaufgabenbezogene
montage
vob
ava
stahlbeton
schlüsselfertiges
betonbauer
bauüberwachung
bauwesen
schlüsselfertige
baudenkmalpflege
gebäudemanagementproje
kten

gewerbebau
bauträgern
baustellen
technischen=gebäudewirts
chaft
ingenieurbau
bautechnischen
gebäudemanagementsste
uerung
schlüsselfertigbau
erdbewegungsarbeiter
auto=cad
schlüsselfertigen

architekturbüro
tunnelbau
bauhilfskraft
metallbau
baumaßnahmen
facility
bautechniker
kalkulatorin
gis
bauunternehmen
tragwerksplanung
innenarchitektin
liegenschaftsmanagement

auftragskalkulation
baustelle
schlüsselfertigem
büroraummanagement
gebäudemanagementproje
ktenanalyse
wasserbau
bauunterhaltungsarbeiten
schlüsselfertig
bauhelfer
flächenmanagementkalkul
ation
bauarchitekt
facilitymanagement
bauleiter
gebäudetechnik
entwurfsbau
gerüstbauer
bauvorhaben
maurer
statik
gleisbau
bauprozessmanagement

bauingenieure
gis=systemen
cad=zeichnungen
bauplanung
tiefbau
tgaberufserfahrung
schlüsselfertiger
rbbau
bauingenieur
gebäudetrocknung
dammbau
baubetrieb
bauphysik
bauzustandsanalysen
sivv
schornsteinbauer
cad=visualisierung
baumanagement
technischer=zeichner
facility=manager
kulturbau
straßenbau
rohrleitungsbau

bauzeichner
bauingenieurin
innenarchitekt
kalkulator
generalbau
bauqualität
bauleitung
bauzeichnerin
baurecht
trockenbau
winava
cad=konstruktion
stahlbetonbauer
großbaustellen
bauunternehmung
gebäudemanagement
bauingenieurwesen
autocad
facility=management
hochbau
passivhausbauweise

Bergbau
mineralaufbereiter
bergbau
berg=bau

bergleute
mineralgewinner
bergen

berg

Bildung & Training
mitarbeiter=für=ausbildung
mitarbeiter=für=bildung
fachhochschule
veranstaltungsplanung=for
tbildung
kindertagesbetreuung
mitarbeiter=für=fort=und=
weiterbildung
mitarbeiter=für=fortbildung
mitarbeiterin=für=weiterbil
dung
mitarbeiter=für=aus=und=f
ortbildung
leiter=für=ausbildung
mitarbeiterin=für=fortbildun
g
unterricht
lernplattform
grundschule
leiter=für=weiterbildung

sprachkursen
kindergarten
kita
leiter=für=fortbildung
vorschule
krippe
mitarbeiterin=für=ausbildu
ng
mitarbeiter=für=weiter=un
d=fortbildung
kindererziehung
ausbilder
kiga
primarstufe
berufsschule
didaktische
lehrerin
lehrer
kindertagesstättenleitung
diplomsozialpädagogin

mitarbeiterin=für=bildung
sekundarstufe
hort
hochschulverwaltung
kinder=erzieherin
kindererzieherin
klausuren
erzieher
mitarbeiter=für=weiterbildu
ng
wissenschaftsorganisation
kindertageseinrichtungen
kinder=erzieher
kinder=erziehung
kindererzieher
universität
mitarbeiter=für=ausbildung
=und=fortbildung
sprachkurs
erzieherin

lernpsychologische
schule
e=klausuren
leiter=für=bildung

campus=management
kinder
erwachsenenbildung
bildungspolitische

e=learning=bereich
sekundarschule

Chemie- und Erdölverarbeitende Industrie

chromatographie
gummihersteller
kunststoff=formgeber
kunststofffolienherstellung
chemiebetriebswerker
kunststoffverarbeiter
kristallisation´

chemisch
erdöl
vulkaniseur
applikationschemiker
kunststoff=warenmacher
kunsstoffbearbeiter
chemiker

gummiverarbeiter
chemie
chemie
öl
chemielaborwerker

Druck, Papier, Verpackungsindustrie

druckerin
handelsfachpacker
verpackungsmittelmechani
ker
druckformhersteller
buchbindung
hoch=druck
druckereihelfer
packer=export
packmittel
druckerei
verpacker
druck

fachpacker
papierrollen
buchbinder
packaging
flach=druck
papiermacher
flachdruck
packer
tiefdruck
verpackung
siebdrucker
drucker
druckmaschinen

papierrolle
papier
druckmaschine
etikettendrucks
verpackerin
reprograf
spezialdrucker
papierverarbeiter
druckvorlagenhersteller
tief=druck
hochdruck
reprografen
schriftsetzer

Elektrotechnik, Feinmechanik & Optik

elktroinstallation
elektrik
emsr=technik
mechanischen=konstruktio
nen
mechanik
optik
wafer
wafer=technikum
elektronischen
elektroinstallateur
feinwerkmechaniker
electronic
electro=mechanic
cnc=programmen
optiker
wafertechnik
halbleitertechnologie
fein=mechanik

mechanische=konstruktion
electric
feinmechanik
elektro=mess=steuer=und
=regelungstechnik
elektrotechnik
elektrotechnik=ingenieur
wafer=technik
pneumatisch=elektronisch
en
elektronische
elektrik=mess=steuer=und
=regelungstechnik
mess=steuer=&=regelung
stechnik
mechatroniker
emsr=techniker
fertigungsmesstechnik
mechatronikerin

electro=mechanik
pneumatik
elektrik=und=messtechnik
elektromaschinenbauer
em=technik
kinematik
elektrik
sensortechnik
elektriker
elektrotechnische
cnc=programmen
microscopy
elektro=und=messtechnik
mess=steuer=und=regelun
gstechnik
msr=technician
elektrikerin
elektrik=&=messtechnik
elektro=&=messtechnik

49

elektrischen
electromechanik
kinematischen
msr=techniker
akustiker
emv=tests
wafertechnikum
em=techniker
elektro=und=automatisieru
ngstechnik

elektronischen=schaltunge
n
electro=mechanics
electromechanic
elektrik=mess=steuer=&=r
egelungstechnik
emsr=technician
mechatronik
msr=technik
electron

feinwerktechnik
core=development=engine
er=kinematics
electromechanics
elektronisches
em=technician
automatisierungstechniker
electronics

Energie- und Wasserversorgung & Entsorgung

stoff=strom
spc
pv
materialwissenschaftler=in
=der=solarzellenforschung
abwassertechnischen
photovoltaik
evu=bereich
solarindustrie
prozessberatung=utilities=
gas
erd=gas
abwassertechnik
produktmanager=erdgas
energy
energieerzeugung
gas
kläranlagen
solarmodul
solarzellen=entwicklung
solar=energie
haustechnik
erdgas
haustechnischen
solarzellenentwicklung
abwasser
gruppenleiter=solarzellene
ntwicklung
pv=industrie
versorgungstechnik

luftführungen
abwasserbehandlung
heizung=lüftung
klima
projektingenieur=solarkraft
werke
solarzellen
fertigungsingenieur=hocht
emperaturprozesse
klimatechnik
cvd=abscheidung
energiemanagement
solarzellenforschung
prozessentwickler=solar
photovoltaik=institut
servicebereich=strom
kraftwerkstechnik
hoch=temperaturprozesse
kessel
wärme=technik
sanitär
versorgungs=technik
stoffstrom
silizium=qualitätsanalyse
lastmanagementsystemen
energiedienstleistungen
heizung
heizungs
medienversorgung
versorgungstechnischen

erdgas=bezugsportfolios
solarenergie
erneuebare=energie
sanitär=technik
wasser
sanitärtechnik
energietechnik
wärme
ingenieur=versorgungstec
hnik
kerntechnik
hochtemperaturprozesse
lüftung
energie
solarmodule
solarzellen=forschung
solar
biogas
energiewirtschaftlichen
utilities
wärmetechnik
strom
energy=management
tv=v
energiewirtschaft
wasserinstallationen
hlk=anlagen
energieoptimierung
lüftungs

Fahrzeugbau-/zulieferer

zweirad
kfz=schäden
pkw=reifen
antriebstechnik
lkw
fahr

car
auto
automobilindustrie
fahrzeug
kaskogutachten
kfz=bereich

motor
bezirksleiter=autohaus
automobilzuliefererbranch
e
wagen

sachbearbeiter=car=service
antriebssystem
kfz=wesen
anhängern

lkw=fahrer
kfz=sachverständige
antriebssysteme
autohaus
pkw

kfz
kraftfahrzeugen
kraftfahrzeug=schäden
spritzlackierer

Finanzdienstleister

revisionsberichten
mergers=&=acquisitions
loan=management
benefits=administration=consultant
soll=zustandes
kreditmanagement
finanzprozesse
fm=leistungsvertrag
finanzbuchhaltung
risikomanagementsystems
revisionen
belegabteilungen
betriebskostenanalyse
buchhalter
accounts=payable=bookkeeper
kapitalflussrechnung=abschaffung
finanzbranche
vertriebscontrollingfunktionen
revisionsprogrammen
audit
gcp=audits
controlling
investitionsentscheidungenstandardkostenrechnung
kapitalmodelle
lohn=und=gehaltsbuchhaltung
controllings
betriebswirtschaftlicher=kennzahlen
finanzen
m=and=a
m=&=a
revisionstechniken
entgeltabrechner
compensation=and=benefits
leiter=finanzen
finanzdienstleistungen
jahresabschlüssen

monatsberichten
risikoanalysen
kapitalmärkte
soll=ist=abweichungen
finanzdienstleistungssektor
bilanzen
finanziellen
reisekostenrecht
lohn=&=gehaltsbuchhaltung
wirtschaftlichkeitsberechnungen
finanzbereich
privatkundengeschäft
wertpapierprodukten
kwg
finanzkennzahlen
finanzierung
bilanzkreises
bilanzierung
revisor
steuerberatung
key=accounter
steuer=&=finanzverwaltung
sonderprüfungen
merger=and=acquisition
mergers=and=acquisitions
buchhaltung
abrechnung
group=auditor
manager=internal=audit
interner=revisor
mitarbeiter=interne=revision
unternehmensstatistiken
verbuchung
guv=darstellung
erp=system
finance
abrechnungkundenservice
risikomanagement
rentenverwaltung

bilanz=buchhaltung
steuerabteilung
contract=administrator
vendor=leasing
accounting
finanzdienstleistung
awv=meldungen
pension=manager
eurex
bilanzbuchhalterseminares
vermögensberatung
junior=account=manager
buchhalterin
bookkeeper
verwaltungsamt
anlagen=buchhaltung
gehaltsabrechnungen
akquisition
finanzplanung
fremdwährungsforderungen
umsatzsteuerlichen
mitarbeiter=accounting
asset=management
rückforderungsbescheide
beleihungsobjekte
votierung
xetra
finanzberatung
tariflichen
merger=&=acquisition
key=account=manager
risikoanalyst
claims=counsel
kreditmanagements
trayport
steuerrecht
liquidity=management
refinanzierung
risk=management
jahresabschlusses
umsatz
jahresabschlussprozessen
wertpapierhandel

pension=management
bilmog
apama
accounter
audits
investment=banking
anlagenbuchhaltung
treasury
finanzmanagement
externe=rechnungslegung
collateral=management
entgeltabrechnung
pension=consultant
steuer
leistungsverrechnungen
finanz=buchhaltung
warenmakler
bilanzbuchhalter
vertriebscontrolling=kennzi
ffern
jahresabschluss
budget
firmankundengeschäft
auditsystems
bilanzbuchhaltung
finanzberichte
finanzwesen
investitionsrechnung
pension=consultants
senior=internal=auditor
accounts
bankeinzügen

pension=analyst
buchhalterischen
mitarbeiter=treasury
geldleistungen
kostenrechnung
zahlenverständnis
hauptbuchhaltung
entgeltabrechnerin
kostenplanung
tarifverhandlungen
change=management
ifrs
compliance=and=sicherhei
t
reisekostenabrechnungen
financial=analyst
budgetplanung
lohn=&=gehalt
manager=cost=accounting
kreditanalyse
lohn=und=gehalt
asset=and=fond=manage
ment
pension=support
investitionsanträgen
risiko=management
entgeltabrechner=in=der=r
entenverwaltung
anlagenberatung
buchhaltungsleiter
bilanzdarstellung
wirtschaftswissenschaften

meldewesensoftware
cash=management
kreditorenbuchhaltung
rechnungswesen
wirtschaftlichkeit
controllingabteilung
asset=manager
revisionsberichten
investition
junior=key=account=mana
ger
debitorenbuchhaltung
problemkrediten
liquiditätsplanung
steuerlichen
bezugsrechnung
konzernabschlusses
berichtswesens
bilanzierungsregeln
bankentarifvertrages
ist=zustandes
auditor
betriebswirtschaft
steuer=und=finanzverwalt
ung
rückerstattungen
account=manager
personalbuchhaltung
finanzwesens
capital
vendor

Freizeit, Touristik, Kultur & Sport
touristik
kunst
künstlerin
schauspieler
sport
galerien
musik
unterkunft
bewirtung
malerin
freizeit

theater
travel
bibliothek
tanz
hauswirtschaft
tourism
galerie
schauspielerin
museum
tourismus
schauspiel

stadtjubiläum
oper
kreativwirtschaft
kreativ=wirtschaft
fitness
museen
maler
fotografie
künstler
kultur

Gesundheit & soziale Dienste

52

european=research=physician
marktmanager=regionalan
ästhesie
ärzte
medizin
kompetenzbereichs=op
therapeutischen
soziale=dienste
medizinische
therapeutisches
therapy
medizinischen
immunologie
clinical
arzt
sozialwissenschaften
klinischen=prüfungen
health
zahnpraxis
medical
ärzten
psychischer=störungen
cra
srh
gesundheitsbezogenen
medizinischer
fachpflegepersonal
bta
medizinischer=fachtermino
logie
medizinischem
ops
medizinisches
medizinischer=prozesse
regionalanästhesie
clinical=research=associate
kliniken
gutachterärztin

gesundheitswesen
onkologie
ambulante
ambulation
entwicklungsingenieur=ne
w=technologies=dialyse
gerinnung
medizinische=unterstützung
pneumologie
ktq
physician
klinik
krankenpfleger
gesundheitsöko
medizinerin
proteintherapeutika
ambulanter=dienst
iqm=projektes
stationäre
gesundheits
op=leitung
schmerz
medizinisch=sozialen=ber
eich
therapeutisch
arznei
manager=health=economics
kardiologie
therapeutischem
sanitäterin
kinderkrankenpfleger
gesundheit
clinical=data=manager
arztpraxis
fachkrankenschwester
op=abteilung
medizinischen=abschlussb
erichten

medizinprodukte
ärztinnen
praxispersonal
herz=gefäß
mta
patientenmanagement
sanitäter
medizinisch
klinisch
gutachterarzt
swissdrg
klinischer
gesundheitsdienst
medizin
operationsdienst
medical
onkologischen
dialyse
sozialarbeit
ärztin
gesundheitsökonomischen
op
medizinisch=wissenschaftl
ichen
helfer
mediziner
zahntechniker
therapeutischer
sozialer=dienst
klinikmanagement
jugendarbeit
therapeutische
sanität
klinische
gcp
therapeut
medizinischen=risikomana
gement

Glas, Keramik, Herstellung und Verarbeitung

glasbearbeiterin
glas=veredlerin
glashersteller
glas=veredler
keramikerin
grobkeramik
keramiker
fein=keramik

porzellan
glas=hersteller
glasbearbeiter
glas
glas=bearbeiterin
keramik
grob=keramik
glasveredlerin

glasherstellerin
glas=bearbeiter
glass
feinkeramik
glas=herstellerin
glasveredler

Gross- und Einzelhandel

bürokauffrau
store=managerin
kaufmännisches

kfm
handelsmessen
store=manager

handelsvertretungen
kaufmann
industriekauffrau

shop=leiterin
handelsvertreter
handels=vertretung
shopleiterin
händler
reselling
shopleiter
fachhandel
shop=leiter
retailvertrieb
industriekaufmann
handels=vertretungen
kaufmännischer
händlerin

kaufmännische=projektab
wicklung
store
kaufmännischer=sachbear
beiter
store=manager
warenwirtschaft
sales
einzelhandel
kaufmännischem
shop=manager
kauffrau
sortenhandel
kaufmännisch

kaufmännischen
shop=managerin
kaufmännischer=leiter
verkaufs
kaufmännischen=leiter
versandhandel
kaufmännische
verkauf
handelsstrukturen
kaufm
trade
handelsvertretung
bürokaufmann

Handwerk
lackiererin
zimmerer
lackierer
handwerk
schreiner

monteur
laminationstechnologe
restaurator
spritzlackierer
restaurator´

malerin
restauratorin
restaurierung
handwerker
maler

Hotel, Gastronomie & Catering
hotel=gewerbe
hotelgewerbe
unterkunft
bewirtung
küchenleiter

gaststätte
hotel
küchen=leiter
gastronomie
gaststätten=gewerbe

gastro
gaststättengewerbe
catering

Holz und Möbelindustrie
holz
holzwaren
flechtwarenherstellung
holzbearbeitungsmechanik
er

möbel
tischler
wood
furniture
flechtwaren

holzkonstruktionsbauer
holzwarenherstellung
holzmechaniker

Immobilien
immobilienmanagement
immobilienmaklerin
immo
real=estate
immobilien=makler
property=manager
bauprojekten

gebäuderecycling
flächenrecycling
wohnen
gebäudewirtschaft
immobilien
immobilieninvestment
gebäude=wirtschaft

gebäude=recycling
immobiliensinvestments
flächen=recycling
immobilien=maklerin
wohnungswirtschaft
gebäudemanagement
immobilienmakler

IT & Internet

webmaster
it=architektur=managemen
t
system=engineering
it=produktmanagement
cobol
anwendungssoftware
softwareanpassungen
mac
it=sicherheit
anwendungsbetreuer
it=beschaffung
sap=einführung
security
it=training
systemarchitekt=business
=intelligence
css
systemadministrator
programmierpraktika
ecommerce
it=projektleitung
anwendungsanalyse
servern
aris
applikationsservern
datenbankadministration
netzwerkadministration
it=architektor
eplan
technischer=support
it
java
it=business
hardware=engineering
programmiersprache
serverdiensten
hardwaresysteme
rechenzentrum
it=prüfungskonzepten
e=clinical
netzwerksicherheit
backend=systeme
network
netzwerkbereich
windows
embedded=systems
online=personalanzeigen
datenbankanwendungen
itprojekten
it=infrastrukturen
datenbank=installation
sap=modul
web=technologien
apache
mq=series

internet
web=entwicklung
it=abteilung
edv=anwendungen
helpdesk
linux
it=dienstleister
microsoft=standardsoftwar
e
business=intelligence
business=intelligence=prof
essional=sas
sap=entwicklung
internetadministrator
metis
programmiersprachen
administrator=cad
ebusiness
programmiererin
it=gesamtkonzeptes
web=master
programmierer
cad
digital=archivierung
sas=experte
unix
java=entwicklung
tcp
systemtechniker=fachinfor
matiker=systemintegration
client
application=system
software
elektronischer=hardware
hardwareprojekten
betriebssystem
it=architekturen
it=systemanalyse
it=sicherheitskonzeptes
itil
it=projekte
linux=administration
anwendungsadministration
it=projekten
javascript
it=beratung
hardware=entwicklung
system=administrator
it=projektmanagement
projektleiter=anwendungs
entwicklung
sap=crm
it=aktivitäten
fach=informatikerin
internet=administratorin
vb

windows=server
sql
netzwerks
ldap
operating=system
data=warehouse
software=engineering
anwendungsprogrammieru
ng
it=implementierung
hardwareorientierter
scriptsprache
it=infrastruktur
it=prozesse
elektronischen=datenverar
beitung
macro
e=betriebswärter
bi=lösungen
abap
smtp
it=systeme
softwareentwicklungsproz
esse
abap=programmierung
web
internetadministratorin
serverbereich
html
edv=gestützten
e=commerce
it=gestützten
it=architekt
sap=beratung
soa
datenbank=anwendungen
operating=systems
großrechner
e=mailsystems
system=beratung
dokumentenmanaement
jsp
sap=crm=applikationen
webdesign
softwareprogrammierung
virtualisierungssoftware
netzwerk
system=administratorin
pc=standardsoftware
change=management
systemadministratorin
betriebssysteme
it=reviews
internet=administrator
fachinformatiker
datenbankentwicklung

betriebssystemen
it=beschaffungen
wirtschaftsinformatik
hardware
server
netzwerkkenntnisse
informationstechnik
windows=systemlandschaf
t
datenverarbeitung
it=security
matlab
it=umfeld
statistischer=software
unixbetriebssystemen
it=architektur

it=landschaft
visualbasic=kenntnisse
firmware=entwicklung
informatik
anwendungsentwicklung
it=qualitätssicherung
e=klausuren
fachinformatikerin
webmanagement
sql=datenbanksystemen
it=management
it=bereich
web=design
it=lösungen
digital=video
programmierung

mailsystems
organisationsprogrammier
ung
it=anwendungen
oracle
it=qualitätsprüfung
fach=informatiker
softwareentwicklung
sap=entwickler
e=business
sigraphkenntnisse
clients
application=systems
software=tools
olap=datenbanken
informationstechnologie

Konsumgüter/Gebrauchsgüter

consum
kosmetik

endverbraucher
konsum

konsumgüter

Land-, Forst- und Fischwirtschaft, Gartenbau

landmaschinengeräten
garten
floristin
förster
landwirt
tierwirt
forstverwalter
gartenarbeiterin
winzer
fisch
landsarbeitskraft
fischwirtin
land
fischwirt
agraringenieurin
landwirtschaft
tierhaltung
agrartechniker
floristen

pflanzeschützerin
pferde
gärtnerin
landwirtin
umweltrecht
tierpflege
agrartechnikerin
umwelt
winzerin
gartenarbeiter
gartenbau
jäger
umweltmanagements
forst
fischzucht
umwelttechnischen
pferd
fish
agrar

agraringenieur
naturschutz
landwirte
forstwirtschaft
wälder
tierbetreuung
garten=bau
tierpflegerin
pflanzenschützer
tierpfleger
forstwirt
pferdewirt
umweltschutz
florist
gärtner
wald
waldarbeiter
gartenpflege

Luft- und Raumfahrt

aviation
flugsteuerungssysteme
piloten
luftfahrt

flugsteuerungssystem
manager=aviation=progra
ms
pilot

luft
flugzeug

Maschinen- und Anlagenbau

schweißer	endmontage	apparatetechnik
anlagen=bau	maschinen=ingenieur	hauptfertigung
stahlwasserbau	werkzeugsmaschinenbau	maschineningenieur
automatisierungs	maschinen=ingebieurin	anlagenbau
sps=programme	schweißtechnischen	anlagenmechaniker
schweißverfahren	baumaschinentechnik	maschinen=bauingenieur
schweißtechnik	ausrüstungstechnik	maschinen=bauingenieuri
maschinentechnik	sterilisationsanlagen	n
maschinenbau	fertigungsleiter	stahlwerkstoffe
schweißfachingenieur	konstruktionsmechaniker	x=ray
cad=systemen	anlagen=mechaniker	sondermaschinenbau
maschinenbauingenieur	maschinenbauingenieurin	maschineningebieurin
pneumatikbereich	senkerodierer	apparatentechnik
automatisierungstechnik	testautomatisierung	maschinen=bau

Medien (Film, Funk, TV, Verlage)

medien	fernseher	texter
rundfunk	journalismus	film
epg	pressesprecher´	radio
infokanal	tv	redaktion
catv=technik	verlagswesen	technische=redaktion
multimedia	fernsehen	digitalen=videotext
fernseh	printabwicklung	
verlag	presse	

Medizintechnik

dialysengeräte	medizintechnik	dialysegeräte
dialyse=geräte	dialysen=gerät	dialysengerät
dialysen=geräte	medizinische=geräte	dialyse=gerät
medizinisches=gerät	medizinischer=gerät	dialysegerät

Metallindustrie

metallbauer	schmied	metallpoliere
zerspannungsmechaniker	metallverarbeitung	metallschleifer
drahtverarbeiter	stahl	verzinker
metallvergüter	metall	emaillierer
stahlwasserbau	galvaniseur	nieter
metallveredlung	nickel	metallfärber
drahtverformer	metallumformung	bohrer
gießerei	dreher	metallverbindung
metal	metallvergütung	fräser
löter	spanende=metallverformu	metallerzeugung
schmiedin	ng	metallverformer
draht	metalloberflächeveredler	spanlose=verformung
schmiede	formgießer	gießereimechaniker
brennschneider	feuerverzinker	

Nahrungs- und Genußmittel

lebensmittel
bier
konzentraten
tabakwarenmacher
bäckerei
spirituosen
ernährung
food
nahrungsmittel=verarbeitu
ng
konditorei
fleisch
koch
gmp
brauer
getränken

lebensmittelsicherheitskon
zeptes
ernährung=processes
süsswaren
genußmittel
gmp=audits
nahrung=processes
zucker
bäcker
lebensmittelverfahrenstech
nik
milch
wein
nahrungsmittelverarbeitun
g
nahrungsmittel=herstellun
g

kräuterspezialitäten
fleischer
tabak
nahrungsmittelherstellung
süßwaren
ernährung=process
köchin
tabakwaren
nahrung=process
braumeister
nahrungsmittel
fruchtsäften
molkerei
getränkehersteller
konditor
nahrung

Öffentlicher Dienst & Verbände

verbandsgemeindeverwalt
ungen
kommune
bundesbeamte
verbänden
bundesbeamtin
öffentlicher=dienst
referat
amtes
referatsleiter
kommunal
vereinigung

sportförderung
verbandes
auswärtiger=dienst
amt
volontär
gemeinde
referatsleiterin
kreisrätin
verband
kreisgeschäftsführer
öffentlichen=dienst
verbandsarbeit

verbände
kommunalverwaltungen
mitgliedsunternehmen
kreisverwaltung
gremien
öffentlichem=dienst
kreisrat
volontärin
bundespolizei
sportvereinen
vereinigungen

Personaldienstleistungen

personalberatung
recruitment
personalmanagements
personalwesenumgang
personalwesen
kandidateninterviewsmitar
beit
personal=wesen
personalcontrollerin
personal=referat
personal=beratung
mitarbeiterführung
personal=leitung
personal=entwicklung
akquisiteur
mitarbeiterentwicklung
personalleitung
personalcontroller

personal
personal=berater
performance=managemen
t
personaladministration
personalberater
personalbeschaffung
personalentwicklungsinstr
umenten
personalleiter
human=capital
akquisiteurin
personalreferat
personal=marketing
personaltraining
personalmanagement
personalmarketing
personal=beschaffung

personalmarketings
bewerbermanagementunte
rstützung
ergonomie
outsourcing=associate
outsourcing=manager
rekrutierungsmaßnahmen
hr
personalentwicklung
personal=training
rekrutierung
personalwirtschaftlicher
bewerbermarkt
personal=administration
bewerbermanagement
personalmanagementsoft
ware

Pharmaindustrie

gmp=audits

projektleiter=entwicklung=f
luids

apotheker
sterilität

pharmagroßhändler
pta
pharmaindustrie
präparativem
pharmazeutisches
drug=safety
galenics
pharmazeutische
pharmazie
mundipharma=präparaten
klinischen=prüfungen
pharmaberater
pharma
cmc
gmp

aseptischer
medizinprodukten
nutzen=risiko=bewertung
pka
gmp=standard
hygiene
arzneimittelsicher
gmp=assurancemanager
galenischer
pharmazeutika
arznei
drug=safety=documentatio
n=associate
sterilisation
pharmazeutischem

laboranten
gmpstandard
pharmazeutischer
arzneibuchvorschriften
apotheke
pharmazeutischen
apothekerin
biotechnologie
gmp=bewertungen
fda=zulassungen
pharmazeutisch
arzneibücher
gcp
pharmaberaterin
arzneimittelkontrolle

Sonstige Branchen
keine

Sonstige Dienstleistungen
einkaufsstrategien
warengruppenstrategie
einkaufsmanager
bühnentechniker
empfang
bild=techniker
übersetzer
dolmetschen
qualitätsmanagement
dokumentenmanagement
sachbearbeiterin
friseurin
reklamationen
schalterservice
einkaufsbedingungen
validierungsanforderungen
diplomübersetzerin
übersetzungen
dolmetscherin
projektmanagement
assistent
servicetechniker
senior=project=buyer=eur
ope
übersetzungsarbeiten
bildtechniker
lead=buyer
sachbearbeitung
innendienst

sachbearbeiter=leitstand
dolmetscher
servicereparaturen
friseur
purchasing
schalter=service
einkäufen
sekretariat
assistentin
tontechniker
kosmetiker
service=dienstleister
beschaffungsmärkte
beschaffungsrichtlinien
purchase=manager
validierungs
dokumentation
bühnen=techniker
kosmetikerin
service=techniker
purchase
sachbearbeiter=car=servic
e
telefonzentrale
qualitätssicherung=standa
rds
exportsachbearbeiter
wartungsarbeiten
supply=chain=manager

vertriebsassistenz
buyer
dienstleistungen
übersetzerin
office=management
diplomübersetzer
compliance=management
ton=techniker
einkaufsprozesse
archivierung
sekretärin´
technischen=dienstleistun
gen
projektmanagemnet
sachbearbeiterinnen
kaizen
einkauf
sekretär
kundenreklamationen
sachbearbeiter=auftragsab
wicklung
beanstandungen
purchasing=manager
assistenz
commodity=purchasing=m
anager
manager=internationale=p
roduktbeanstandungen
sachbearbeiter

Sonstiges produzierendes Gewerbe

abwicklungs=ingenieur
technologieprojekten
technology
verfahrenstechnik
produktionsleiter
qualitäts=ingenieur
qualitätsingenieur
prozessingenieur
entwicklungsingenieur
fertigungsprozesse
entwicklungsingenieur=sc
hwerpunkt=prozessentwic
klung
produktionsanlagen
angebots=konstrukteur
produktion
technologe
konstruktionsabteilung
vertriebingenieur
konstrukteur
ingenieurleistungen
angebotskonstrukteur
projektingenieur
produktionsstätten

verarbeitung
engineering=manager
validierungsingenieur
industriemechaniker
automotive=umfeld
manager=quality=engineer
ing
abwicklungsingenieur
produktionsverfahren
fertigungsmesstechnik
instandhaltungsstrategie
produktionsorganisation
anwendungs=ingenieur
qualitätsmanager
field=service=ingenieur
studiengang=ingenieurwes
en
leiter=zentrale=planung=te
chnik
betriebsingenieur
qualitäts=manager
engineering
fertigungsleiter
prozessüberwachung

compliance=officer=schwe
rpunkt=produktion
anwendungsingenieur
aufbereitungsanlagen
fertigung
projektingenieure
hauptfertigung
ingenieur
produktionsprozesse
fertigungsmechaniker
verfahrenstechnik=ingenie
ur
ingenieurunternehmen
ingenieurwesen
verfahrenstechnischen
fertigungsmaterial
instandhaltungsingenieur
technischen=spezifikation
en
trainee=ingenieurwesen
lean=production=specialist
konstruktionsprojekten
anwendungstechniker
wirtschaftsingenieur

Textilien, Bekleidung & Lederwaren

maschenwaren
spinnvorbereiter
lederverarbeiter
schuhfertiger
oberbekleidung
gerber
lederwaren
wäscheschneider
qualitätsmanager=handko
nfektion
wäschenäher
textilveredler

leder
maschenwarenfertiger
textilnäher
lingerie
oberbekleidungsnäher
fellverarbeiter
zwirner
bekleidung
schneider
textilien
handkonfektion
spinner

täschner
weber
konfektion
spuler
oberbekleidungsschneider
fell
schuhmacher
spinnerin
seiler
bekleidungszubehörfertige
r
sattler

Telekommunikation

mobilfunk
call=center=agent=mutters
prachler=finnisch
umts
kommunikationsmanager
dft
wvoip
sms
call=center=agent

mobilsysteme
netzplaner
telefonie
servicehotline
voip
telekommunikation´
kommunikationssysteme
catv=technik
mobilsystem

netzbetrieb
berater=billing
voice=transmission=operat
ion
call=center=agents
mobilfunk=projekten
voice=transmissions
qualitätsingenieur=mobilfu
nk

bos=digitalfunknetzes
call=centre
voice=transmission=operat
ions
tcp
ngn
call=center
telecommunications
mobil=systeme
voice=transmission
billing=prozesse

gsm
telephonie
subcontractor=coordinator
=mobilfunk
wap
telefon=service
funknetz
ftth
billing
euromicron
digitalfunknetz

breitbandtechnik
mobiler
mobil
telefonische=kundenakqui
se
mobil=system
videokonferenzsystem
telesales
telephone=service
gprs
dfm

Transport & Logistik

materialflusses
werkstofflogistik
flurförderzeugen
kommissionieren
inventur
lieferantenmanagements
lebensmittellogistik
packer=export
lagerhaltung
vertriebslogistik
chemiedistribution
speditionskauffrau
lagerwirtschaft
seefracht
rohstofflogistik
ziellagerumschlags
warehousing
baustoff=logistik
paket
logistikkonzeptionen
zustelldienste
fracht
paketdienste

logistik
inventuren
supply=chain=specialist
straßenfracht
lagerfach
hochregalstaplern
materialwirtschaft
warenwirtschaft
lagerleiter
transporthelfer
strassenfracht
warehouse
luftfracht
logistikbereich
mitarbeiter=supply=chain=
management
staplerfahrer
lebensmittel=logistik
fertigungsbegleitpapiere
transport
lagerist
werkstoff=logistik
waren=logistik

zollabwicklung
transportlösungen
logistics
exportsachbearbeiter
rohstoff=logistik
warenlogistik
delivery
supply=chain=manager
spedition
warenflüsse
paketdienst
lagerbestände
baustofflogistik
warenwirtschaftssystemen
ziellagerbestände
speditionskaufmann
chemie=distribution
lager
transport=&=logistics
flurförderfahrzeugen
zustelldienst
schienenfracht
supply=chain

Unternehmensberatung, Wirtschaftsprüfung, Recht

mergers=&=acquisitions
relation=administration
business=relation
corporate=contract
akkreditierung
relations=analyst
relation=management
benefits=administration
assets=analyst
corporate=investment
asset
benefit=support

business=contract
benefit=consultant
relation=administrator
benefits=analyst
unternehmensberatung
prozessmanagement
m=and=a
corporate=analyst
rechtsabteilung
corporate=relations
m=&=a

compensation=and=benefi
ts
contract=analyst
business=development
claims=administration
compensations=and=bene
fits=administration
benefits=support
corporate=development
justiz
relations=management
business=manager

61

assets
analyse=and=economic=r
esearch
notarfachangestellter
development=manager
development=managemen
t
revisor
contract=consultant
merger=and=acquisition
corporate=administration
assets=consultants
mergers=and=acquisitions
unternehmen=beratung
corporate
asset=analyst
contract=consultants
claims=manager
notar
claims=consultant
analyse=&=economic=res
earch
claims
wirtschaft=prüfung
contract=support
unternehmensstrategie
contract=administrator
unternehmenstrategie
compensation=&=benefits
revisorin
unternehmensentwicklung
anwaltsfachhilfe
corporate=support
preisrecht
umweltrecht
compliance=consultant
contract=administration
business=cases
denkmalschutzrecht
verwaltungsrecht
investment
relations=support
unternehmensgründung
investment=administration
compensation=&=benefits
=administration
m&a=aktivitäten
benefits=manager
claims=management
notarfachangestellte
corporate=consultant
relations=consultant
investment=management

asset=support
reakkreditierung
contract=management
asset=management
development=consultant
compensations=&=benefit
s
benefits=consultants
claims=analyst
haushaltsrechts
merger=&=acquisition
asset=administrator
benefit
investment=consultant
assets=support
asset=administration
corporate=manager
assets=management
compensations=&=benefit
s=administration
sgb
investment=support
benefit=management
leiter=business=developm
ent
corporate=business
relations=administrator
vertragsrecht
richter
corporate=management
asset=consultants
business=consultant
development=analyst
investment=consultants
unternehmen=prüfung
compliance=officer
benefits=management
business=management
m&a
bodenschutzgesetz
development=administrato
r
claims=support
investment=manager
benefits=consultant
business=administration
recht
relation=consultants
development=support
business=investment
justizbeamtin
claims=administrator

compensation=and=benefi
ts=administration
investment=analyst
relation=support
business=administrator
compensations=and=bene
fits
relation=consultant
development=administrati
on
senior=investment=consult
ant
claims=consultants
justizbeamte
relations=consultants
benefit=manager
juristisch
notariat
business=support
asset=consultant
relations=administration
naturschutzrecht
wirtschaftswissenschaften
investment=administrator
filialrevisorin
relations=manager
anwaltschaft
corporate=relation
organisationsberatung
benefit=administration
relation=analyst
benefits
asset=manager
business=consultants
baurecht
wirtschaft=beratung
business=relations
corporate=consultants
assets=manager
benefit=consultants
benefit=administrator
corporate=administrator
assets=consultant
benefits=administrator
bildungspolitische
business=analyst
benefit=analyst
assets=administrator
enterprise=architecture
assets=administration
filialrevisor
contract=manager
relation=manager

development=consultants justiziariat

Versicherungen

leben=beratung
underwriting
gesetzlichen=krankenversi
cherung
rückversicherungslösunge
n
versicherungsmathematisc
hen
aktuarielle=baratung
versicherungswirtschaft
versicherung

erstversicherungsprodukte
n
mathematiker
versicherungsbestandssys
temen
international=actuary
risikoanalyst
lebensversicherung
garantiehandling
langlebigkeit
sterblichkeiten

gesetzliche=krankenversic
herung
swissdrg
drg=revisor
insurance
versicherungskaufmann
underwriter
krankenversicherung
personenruckversicherung

Wissenschaft & Forschung

european=research=physi
cian
chemischer
wissenschaft
wissenschaftlichen=mitarb
eiterinnen
r&d=technical=analyst
scientific=leader
monte=carlo=simulationen
materialwissenschaftler=in
=der=solarzellenforschung
forschung
forschungsinstitutionen
chemie=branche
research=and=developme
nt
post=doc
physik
wissenschaftlichen=angest
ellten
labormanager
wissenschaftlicher=mitarb
eiterin
neurophysik
wissenschaftlichen=experti
nnen
leiter=labordokumentation
biologie
r=&=d
immunologie
r&d=project=leader
wissenschaftliche
wissenschaftlichem=mitar
nbeiter

wissenschaftliche=angeste
llten
r&d=technical=leader
labore
r&d=project=analyst
bioverfahrenstechnik
wissenschaftliche=angeste
llte
scientific=specialist
laborleiter
r&d=manager
wissenschaftlicher=sympo
sien
lab
phd=student
f=&=e
bta
f=und=e
wissenschaftlichem=anges
tellte
r&d=leader
arablab
halbleiterphysik
wissenschaftliche=mitarbei
terin
wissenschaftlicher=mitarn
beiter
wissenschaftlichen=angest
ellte
wissenschaftliche=mitarbei
terinnen
postdoc
wissenschaftliche=experte

wissenschaftlicher=angest
ellte
r=and=d
labordokumentation
wissenschaftlicher=experti
n
science
r&d=scientific=analyst
lab=supervisor
wissenschaftlicher
postdoc=position
r&d=product=analyst
wissenschaftliche=expertin
laborant
r&d=project
r&d=project=specialist
eu=projekten
wissenschaftliche=begleitu
ng
forschungsinstitutes
triz
r=und=d
wissenschaftlichem=exper
ten
forschungsdatenbank
forschungs=projekten
research=und=developme
nt
wirtschaftwissenschaftler
gene
forschung=&=entwicklung
r&d=scientific=manager
mathematik
wissenschaftliches

phd
wissenschaftlichen
r&d=product=leader
naturwissenschaften
r&d=product=manager
r&d=technical=specialist
promotionsstipendium
scientific=manager
umweltwissenschaftlerin
r&d=scientific=specialist
experimentkomponenten
wissenschaftlichem
r&d=project=manager
laboratory=technician
research=&=development
r&d
r&d=product=specialist
wissenschaftlichen=mitarn
beiter
geschichte
r&d=scientific=leader
wissenschaftlichen=expert
en
laborhandbüchern
naturwissenschaftler
forschungsgruppe

promotionsstipendien
lims
laboranten
doktorarbeit
forschungsmanagement
laboratory
archäologie
analytischen=labore
umweltwissenschaftler
r&d=technical=manager
naturwissenschaftlichen
quench=versuchsanlagen
pqrs
medizinische=forschung
wirtschaftswissenschaften
informatik
experimenten
wissenschaftlich
chemie
medizinisch=wissenschaftl
ichen
materialwissenschaft
investigator
forschung=und=entwicklun
g
scientific=analyst

biotechnologie
r&d=specialist
f&e
statistik
wissenschaftlichen=mitarn
beitern
field=service=engineer=icp
ms
biometrie
wissenschaftlicher=expert
r&d=analyst